"O FATO É QUE EU NÃO QUERIA ENTRAR NO BAILE E ME TRANSFORMEI, PARA O RESTO DA VIDA, NUM CARNAVALESCO SINGULAR, POIS GOSTO DO CARNAVAL NA TEORIA E SOU CONTRA NA PRÁTICA."

JOÃO UBALDO RIBEIRO

CONTOS E CRÔNICAS
PARA LER NA ESCOLA

5ª reimpressão

OBJETIVA

Copyright © 2009 by João Ubaldo Ribeiro

Grafia atualizada segundo o Acordo Ortográfico da Língua Portuguesa de 1990, que entrou em vigor no Brasil em 2009.

Capa e projeto gráfico
Crama Design Estratégico

Design
Ana Cotta

Imagem de capa
Marcia Kranz

Coordenação editorial
Isa Pessôa

Produção editorial
Maryanne Linz

Produção gráfica
Marcelo Xavier

Revisão
Bruno Correia
Ana Grillo
Guilherme Semionato

CIP-BRASIL. CATALOGAÇÃO-NA-FONTE
SINDICATO NACIONAL DOS EDITORES DE LIVROS, RJ

R369j
    Ribeiro, João Ubaldo
        Contos e crônicas para ler na escola / João Ubaldo Ribeiro; organização Regina Zilberman. – 1ª ed. – Rio de Janeiro: Objetiva, 2010.
    200p.

    ISBN 978-85-390-0028-9

    1. Crônica brasileira. 2. Conto brasileiro. I. Título.

09-3875   CDD: 869.98
                                       CDU: 821.134.3(81)-8

[2016]
Todos os direitos desta edição
reservados à Editora Schwarcz S.A.
Rua Cosme Velho, 103
22241-090 — Rio de Janeiro — RJ
Telefone: (21) 2199-7824
Fax: (21) 2199-7825
www.objetiva.com.br

CONTOS E CRÔNICAS
PARA LER NA ESCOLA

JOÃO UBALDO RIBEIRO

SELEÇÃO REGINA ZILBERMAN

Sumário

Apresentação, 9
O dia em que nós pegamos Papai Noel, 15
O caso do papagaio Zé Augusto, 21
Traumas carnavalescos, 25
O feriado de amanhã, 29
Defendendo a pátria, 33
O verbo *for*, 37
O astro, 41
Aventuras baianas, 45
Com o pé direito, 49
Zefa, chegou o inverno, 53
Dialogando com o público leitor, 59
A formação do jovem, 65
Beijinho, beijinho, 69
A cara errada, 73
Viajar, viajar, 77
Aventuras naturais, 81
Em *poule* a duas voltas, 87
O mistério do Shaub-Lorenz, 91
O dia em que fui fazendeiro no Arizona, 97
Tudo sob controle, 101
Cadê o futebol?, 105
Ele chegou mesmo, 109
Do diário de papai, 115
O diário de mamãe este ano, 119

Cartinha à mamãe, 123
Correspondência parlamentar, 127
Um dia como outro qualquer, 133
Pensamentos, palavras e obras, 137
Brincando de doutor, 143
O santo que não acreditava em Deus, 151
O artista que veio aqui dançar com as moças, 165
Abusado Santos Bezerra, 173

Apresentação

Antes de ler esta apresentação, percorra todas as crônicas e contos de João Ubaldo Ribeiro que vêm a seguir. Procure ler as narrativas em ordem, para não perder a sequência. Certamente, ao longo da leitura, você passará por algumas experiências bem interessantes.

Em primeiro lugar, você provavelmente se divertirá bastante, porque a maioria das histórias é muito engraçada. Veja, por exemplo, a crônica "Defendendo a pátria", em que o narrador recorda como ele e o pai acompanharam pelo rádio os jogos da seleção brasileira durante o campeonato mundial de 1958, ocorrido na Suécia. O circunspecto pai do escritor, tão austero e exigente em um episódio como "O feriado de amanhã", mostra-se um torcedor fanático e supersticioso, imbuído da convicção de que a vitória do escrete canarinho depende inteiramente da roupa que vestir, dos gestos que repetir e das atitudes que seu filho, então um adolescente, tomar.

O divertido da narrativa não está apenas na reprodução do ritual performado pelo pai do escritor, mas na circunstância de que nos identificamos com esse comportamento. Afinal, quem não usa a camisa emblemática de seu time de futebol em dias de jogo, acende velas a seu santo protetor ou repisa bordões, quando almeja ardentemente que algum desejo seja satisfeito? Assim, em histórias como a que João Ubaldo relata em "Defendendo a pátria", divertimo-nos não apenas com as personagens, mas com nós mesmos, porque seguidamente agimos como elas.

Também têm graça as crônicas e contos que pouco têm a ver com nossa vida cotidiana. Mesmo assim, podemos rir do vestibulando que inventou o verbo "for" ("O verbo *for*") ou das figuras que participam do conto "O artista que veio aqui dançar com as moças". Mas o escritor não brinca apenas com os outros; ele próprio se desvenda em sua escrita, sem perder o bom humor. Na infância, por exemplo, ter-se fantasiado de pierrô, vestindo roupa de cetim azul com borlas cor-de-rosa, durante um carnaval, provocou um trauma no menino João Ubaldo, mas, agora adulto, o autor não se incomoda com o fato de que os outros, sobretudo os leitores, poderão zombar dele ("Traumas carnavalescos"). Em contos como "Pensamentos, palavras e obras" ou "Brincando de doutor", dá-se situação similar: o narrador fala de problemas sofridos na infância, que, com franqueza, ele expõe e dos quais rimos, tenhamos ou não vivenciado semelhantes embaraços.

Essas constatações conduzem à segunda das experiências interessantes suscitadas pela leitura dos textos de João Ubaldo: o leitor fica tentado a entabular uma conversa com o narrador das histórias. Essa disposição decorre de algumas propriedades das crônicas e dos contos que sugerem a maestria do escritor.

É fácil perceber que a maioria dos enredos é apresentada em primeira pessoa; entre as crônicas, há apenas uma exceção, "Um dia como outro qualquer", e entre os contos unicamente "Abusado Santos Bezerra" é relatado em terceira pessoa. Assim, o escritor impõe, desde a primeira linha, uma familiaridade com o leitor. Além disso, ele não se importa, mesmo entre os contos, que pensemos que o "eu" que conta os episódios é o próprio João Ubaldo. Para não deixar dúvidas, ele se refere ao pai, ao avô e aos filhos por seus nomes próprios, evitando substituí-los por figuras fictícias. Por sua vez, o espaço em que se passam os acontecimentos corresponde a lugares onde o escritor residiu ou que foram visitados por ele, sejam os próximos e brasileiros, como Itaparica, na Bahia, ou os distantes e localizados no exterior, como Portugal ou Estados Unidos. E, ainda por cima, apresenta incidentes que só podem ter sucedido a ele, sejam os mais triviais, como a dificuldade em arrumar a mala no retorno de uma viagem ("Viajar, viajar"), sejam os mais extravagantes ("O dia em que fui fazendeiro no Arizona").

É como se o narrador estivesse fisicamente diante do leitor, relatando um caso que ocorreu com ele e incitando o interlocutor a retrucar, contando suas próprias histórias.

Por outro lado, o fato de a conversa parecer amena não significa que não seja séria e relevante.

Retorne, por exemplo, à crônica "Correspondência parlamentar", texto, como os anteriores, redigido em primeira pessoa, agora, porém, na forma de carta de um filho a um pai. Ambos, remetente e destinatário, são ou foram políticos, sendo que o mais jovem vive em Brasília, usufruindo as benesses do poder. Embora a carta esteja ficticiamente datada de 7 de julho de 1985, ela poderia ser escrita hoje, pois são expostas mazelas da sociedade brasileira não apenas do século XX, como também desse começo de século XXI. E, se essas mazelas são apresentadas em registro cômico, elas não são menos deploráveis, pois apontam para a corrupção e o uso equivocado dos mecanismos do Estado.

Não apenas essa crônica examina a relação entre o ser humano e o poder. O tópico está também presente em "Tudo sob controle" e "Ele chegou mesmo". Só que nesses textos, que, ao contrário da maioria dos outros, não são narrativos, o autor muda o tom de sua fala, pois deseja levar o leitor a compartilhar suas reflexões sobre o mundo contemporâneo. Em "Tudo sob controle", João Ubaldo lembra que a privacidade de nossas vidas pode estar ameaçada, já que as ações que praticamos, mesmo as mais rotineiras, são matéria de observação, pesquisa e catalogação em bancos de dados completos e competentes. Em "Ele chegou mesmo", o escritor comenta o romance *1984*, do britânico George Orwell, para sugerir que as previsões do ficcionista parecem concretizar-se na atualidade. Assim, se já em 1949, ano em que redigiu o livro, Orwell antecipava a possibilidade de vigilância permanente dos atos individuais e a submissão à autoridade até dos pensamentos mais recônditos de cada um, em nossos dias, registros gerais, telões e, poderíamos acrescentar, GPSs, celulares e artigos semelhantes, têm condições de mapear a trajetória de um sujeito em todas as etapas de sua atividade.

A esse grupo de crônicas que comentam a vida cotidiana e apontam para o crescimento das engrenagens e órgãos de fiscalização e segurança pertence também "Um dia como outro qualquer". O texto chama a atenção por não ser narrado em primeira pessoa, como os anteriores. Esses empregam o pronome "eu", mesmo quando o narrador não coincide com o próprio João Ubaldo, como se observa na citada "Correspondência parlamentar", bem como em "Do diário de papai", "O diário da mãe este ano" e "Cartinha à mamãe", confissões, primeiramente de um pai, depois de uma mãe, sobre os festejos previstos para os dias em que são homenageados. Contudo, em "Um dia como outro qualquer", as personagens são designadas por um "ele", "a mulher", "os filhos", por exemplo, mudança bastante significativa, pois as pessoas que habitam a narrativa estão inteiramente despersonalizadas, em um mundo em que tudo está controlado, em decorrência do medo generalizado.

São histórias como essas que induzem o leitor a meditar sobre o mundo onde ele vive. Mas, mesmos em casos como esses, o escritor não desembarca do tom da conversa que, agora, pode não conduzir ao riso, mas à reflexão. Ou pode até levar simultaneamente às duas atitudes, como no conto que fecha esse livro, "Abusado Santos Bezerra", história de um espião brasileiro em terras do Tio Sam.

Aliás, se você deseja se divertir, sem deixar de levar a sério os problemas do mundo à nossa volta, altere o roteiro proposto no começo desta apresentação e inicie a leitura das narrativas pela última. Perceberá logo como João Ubaldo sabe retratar o que conhecemos por experiência própria ou por informação recebida, para mostrar que sua literatura tanto alegra os corações, quanto alarga os espíritos de seus admiradores.

Regina Zilberman

O dia em que nós pegamos Papai Noel

Na nossa turma em Aracaju — uns 15 moleques de 9 a 10 anos de idade, no tempo em que menino era muito mais besta do que hoje —, quem sabia de tudo era Neném, cujo verdadeiro nome até hoje desconheço. Neném era chamado a esclarecer todas as dúvidas, inclusive em relação a mulheres, assunto proibidíssimo, que suscitava grandes controvérsias. Ninguém sabia nada a respeito de mulheres e muitos nem sabiam direito o que era uma mulher. As mulheres usavam saias, falavam fino, tinham direito a chorar e os homens mudavam de assunto ou tom de voz quando uma delas se aproximava — e pouco mais do que isso constava do nosso cabedal de informações, razão por que Neném assumiu grande importância no grupo.

Neném sabia tudo de mulher, contou cada coisa de arrepiar os cabelos. Houve quem não acreditasse naquela sem-vergonhice toda: como é que era mesmo, seria possível uma desgraceira dessas? Quer dizer que aquela conversa de que achou a gente dentro da melancia, não sei o quê, aquela conversa... Pois isso e muito mais! — garantia Neném, e aí tome novidade arrepiante em cima de novidade arrepiante. Um menino da turma, o Jackson (em Sergipe há muitos Jacksons, por causa de Jackson de Figueiredo, é a mesma coisa que Ruy na Bahia), ficou tão abalado com as revelações que foi ser padre.

Mas, antes de Jackson se assustar mais e entrar para o seminário, chegou o primeiro Natal em que o prestígio de Neném já estava amplamente consolidado e a questão das mulheres — tão criadora de tensões, incertezas e pecados por pensamentos, palavras e obras — foi substituída por debates em relação a Papai Noel. A ala mais sofisticada lançava amplas dúvidas quanto à existência de Papai Noel e o ceticismo já se alastrava galopantemente, quando Neném, que tinha andado gripado e ficara uns dias preso em casa para ser supliciado com chás inacreditáveis, como faziam com todos nós, apareceu e, para surpresa geral, manifestou-se pela existência de Papai Noel. Ele mesmo já estivera pessoalmente com Papai Noel. Não falara nada porque, se alguém fala assim com Papai Noel na hora do presente, ele toma um susto e não bota o presente no sapato. Apenas abrira um olho cautelosamente, vira Papai Noel, com um sacão maior que um estudebêiquer, tirando os presentes lá de dentro, foi até no ano em que ele ganhara a bicicleta, lembrava-se como se fosse hoje. Então Papai Noel existia, era fato provado.

Alguns se convenceram imediatamente, mas outros resistiram. Aquele negócio de Papai Noel era tão lorota quanto a história da melancia. Neném se aborreceu, não gostava de ter sua autoridade de fonte fidedigna contestada, propôs um desafio. Quem era macho de esperar Papai Noel na véspera de Natal? Tinha que ser macho, porque era de noite, era escuro e era mais de meia-noite, Papai Noel só chega altas horas. Alguém era macho ali?

Ponderou-se que macho ali havia, machidão é o que não falta em Sergipe, não se fizesse ele de besta de achar que alguém ali não era macho do dedão do pé à raiz do cabelo. Mas era uma questão delicada, como era que se ia fazer para enganar os pais e conseguir escapulir de casa à noite? E quem tivesse sono? Havia alguns que tomavam um copo de leite às oito horas e caíam no sono 15 minutos depois, era natureza mesmo, que é que se ia fazer? Era muito fácil falar, mas resolver mesmo era difícil.

Neném não quis saber. Disse que macho que é macho vai lá e enfrenta esses problemas todos, senão não é macho. Macho era ele, que só não ia sozinho para o quintal de Zizinho apreciar a chegada de Papai Noel porque, sem companhia, não ia ter graça e infelizmente não havia ali um só macho para ir com ele. Por que ninguém aproveitava que a Feirinha de Natal funciona até tarde e os meninos têm mais liberdade de circular à noite?

Claro, a Feirinha de Natal! Todo Natal havia a Feirinha, montada numa praça, com roda-gigante, carrossel, barracas de jogos e tudo de bom que a gente podia imaginar, iluminada por gambiarras coloridas e enfeitada por todos os cantos. Sim, não era impossível que um bom macho conseguisse aproveitar a oportunidade gerada pela Feirinha e escapulir para ver Papai Noel no quintal de Zizinho. Só que não podia ser mais perto, por que tinha de ser no quintal de Zizinho? Elementar, na explicação meio entediada de Neném: Zizinho tinha mais de dez irmãos, era a primeira casa em que Papai Noel passaria, para descarregar logo metade do saco e se aliviar do peso. Além disso, o quintal era grande, cheio de árvores, dava perfeitamente para todo mundo se esconder, cada qual num canto para manter sob vigilância todas as entradas do casarão, menos a frente, é claro, porque Papai Noel nunca entra pela frente, qualquer um sabe disso.

Eu fui um dos machos, naturalmente. E, já pelas dez horas, o burburinho da Feirinha chegando de longe com a aragem de uma noite quieta, estávamos nos dispondo estrategicamente pelo quintal, sob as instruções de Neném. Alguns ficaram com medo de cobra (macho pode ter medo de cobra, não é contra as normas), outros se queixaram do frio, outros de sono, mas acabamos assentados em nossas posições.

Acredito que cochilei, porque não me lembro do começo do rebuliço. Alguém tinha visto um vulto esgueirar-se pela janela do quarto da empregada, que ficava separado da casa, do outro lado do quintal. Era Papai Noel indo dar o presente de Laleca, a empregada, uma cabocla muito bonita e, segundo Neném, "da pontinha da orelha esquerda". No duro que era Papai Noel, já havia até descrições do chapéu, da barba, do riso, tudo mesmo. Como os soldados dos filmes de guerra que passavam no cinema do pai de Neném, fomos quase rastejando para debaixo da janela de Laleca. Estava fechada agora, Papai Noel certamente não queria testemunhas.

Mas como demorava esse Papai Noel! Claro que, nessas horas, o tempo não anda, escorre como uma lesma. Mas, mesmo assim, a demora estava demais.

— Estou ouvindo uns barulhinhos — cochichou Neném.

— Eu também.

— Eu também. E foi risada, ainda agora, foi risada?

— Psiu!

Silêncio entre nós, novos barulhinhos lá dentro.

— Quem é macho aí de perguntar se é Papai Noel que está aí? — perguntou Neném.

Eu fui macho outra vez. Estava louco para apurar aquela história toda, queria saber se Papai Noel tinha trazido o que eu pedira e aí gritei junto às persianas:

— É Papai Noel que está aí?

Barulhos frenéticos lá dentro, vozes, confusão.

— É Papai Noel?

A barulheira aumentou e, antes que eu pudesse repetir a pergunta outra vez, a janela se abriu com estrépito e de dentro pulou um homem esbaforido, segurando uma camisa branca na mão direita, que imediatamente desabalou num carreirão e sumiu no escuro. Lá dentro, ajeitando o cabelo, Laleca fez uma cara sem graça e perguntou o que a gente estava fazendo ali.

— Era Papai Noel que estava com você?

— Era, era — respondeu ela.

Mas ninguém ficou muito convencido, até porque o homem que pulara tão depressa janela afora lembrava muito o pai de Zizinho, que por sinal, no dia seguinte, deu cinco mil réis a ele, disse que ficasse caladinho sobre o episódio e explicou ainda que Papai Noel não existia, Papai Noel eram os pais, como ele, pai de Zizinho, que todo Natal ia de quarto em quarto distribuindo presentes. De maneira que até hoje a coisa não está bem esclarecida e nós ficamos sem saber se bem era uma história de Papai Noel ou se bem era uma história de mulher daquelas de arrepiar os cabelos.

O caso do papagaio Zé Augusto

Eu já contei esse caso do papagaio Zé Augusto algumas vezes, mas ninguém acredita. Felizmente, tenho testemunhas. Não somente a família toda é testemunha, como alguns amigos, que tiveram a oportunidade de ver Zé Augusto depois que ele chegou aos paroxismos do vício, por assim dizer. É uma história triste.

Lá em casa, sempre tivemos bichos doidos. Uma vez, por exemplo, quando a gente morava perto de Cotinguiba, em Sergipe, meu pai pegou um torrão de barro pequeno e o jogou num pinto já meio frangote, que estava ciscando uma plantinha de estimação. Aconteceu que o torrão pegou na cabeça do bicho e ele ficou maluco, deu muito trabalho depois. Para comer era uma dificuldade, porque ele partia para a comida de marcha a ré e considerava necessário fazer umas piruetas antes de bicar o milho. E ele sempre errava de milho, era uma produção muito grande dar comida a esse frango. Mas cresceu, ficou um belo galo e se dava muito bem com toda a família. Todo mundo gostava dele, apesar do problema que tinha na ideia. Até com as galinhas ele se dava bem, embora errasse bastante (meu pai dizia que não era erro, era porque o bicho era inovador) e tivesse sido, provavelmente, responsável por vários escândalos naquele galinheiro. Morreu de velho. Segundo minha mãe, muito feliz, porque não sabia que ia morrer e até a última hora ficou dançando aquelas dancinhas dele, ninguém dizia que já estava nas últimas.

Desta forma, não se estranhou Zé Augusto. Zé Augusto era um papagaio azul que deram de presente a meu pai e que só falava "Zé Augusto". A gente mostrava esse papagaio a todo mundo que aparecia, porque ele tinha um ar muito inteligente e, quando se perguntava como era o nome dele, ele respondia "Zé Augusto". Mas depois não dizia mais nada e a pessoa ficava decepcionada. Minha irmã hoje acha que era um problema de temperamento difícil mais do que propriamente limitação de recursos, embora não se possa ter certeza, a esta altura.

O fato é que Zé Augusto vivia ali, na dele, num poleiro instalado junto do tanque de lavar roupa, onde havia uma tomada para máquina de lavar roupa, sem máquina de lavar roupa. Não incomodava ninguém, passava o dia inteiro comendo as comidinhas dele e balançando a cabeça. Na realidade, ele balançava tanto a cabeça que só podia ser de desgosto ou de desilusão, hoje é que a pessoa entende. Mas, um dia, minha irmã anunciou à mesa:

— Minha mãe, Zé Augusto está tomando choque. Já peguei uma ou duas vezes.

Minha mãe pediu esclarecimentos. Aconteceu que o papagaio roeu a tomada e agora, assim umas três ou quatro vezes por dia, olhava para um lado, olhava para o outro, e enfiava a língua no fio descoberto, para tomar choque. O choque devia ser um grande barato, porque ele ficava arrepiado, se tremia todo, largava o fio e passava os próximos cinco minutos agitadíssimo, percorrendo nervosamente o poleiro de ponta a ponta. No começo, minha mãe teve uma certa tolerância. Houve pelo menos uma vez em que eu quis levar uns amigos para mostrar o truque do "como é seu nome", e ela mandou que eu esperasse.

— Espere mais uns quinze minutos, eu acho que está na hora do choque dele.

E, de fato, ele ficava acanhado, no começo, em tomar o choque na frente de visitas, ou mesmo de alguém da família que estivesse observando muito de perto. Só quando a pessoa não desistia mesmo é que ele acabava não aguentando e tomava o choque de qualquer jeito, mas ficava de péssimo humor, ameaçava bicar quem estivesse por perto e dava até uns gritos, coisa que, justiça seja feita, ele só fazia quando o chateavam demais.

O problema, entretanto, surgiu quando ele passou a tomar um número cada vez maior de choques. Nos últimos dias, era praticamente um choque de cinco em cinco minutos, uma coisa triste de se ver. As penas começaram a cair, nem mesmo "Zé Augusto" ele falava mais, comia pouco, suspirava, interrompia qualquer tentativa de aproximação com um novo choque, e assim por diante. Minha mãe tentou recuperá-lo, conversava com ele, tinha paciência, mas nada adiantava. Quando a gente tentou cobrir o fio com fita isolante, ele só faltou botar a casa abaixo com a gritaria que fez, além de ter reduzido a picadinho a pouca fita isolante que conseguimos botar. Era um caso perdido. Num belo domingo, lembro como se fosse hoje, minha mãe comunicou à hora do almoço que ia dar Zé Augusto, já tinha encontrado quem quisesse e essa pessoa já sabia do problema dele.

— Eu, particularmente — disse minha mãe —, acredito que não adianta afastar Zé Augusto dos choques muito repentinamente. Ele pode ter um trauma. Então eu expliquei que devem fazer a coisa com cuidado, gradualmente. Mas o que eu não posso é ter um animal viciado em casa, é um péssimo exemplo para as crianças.

— Principalmente porque não fala nada — disse meu pai, e nunca mais nós vimos Zé Augusto.

Traumas carnavalescos

Tenho uma amiga que diz que todos os nossos problemas são por causa de traumas de infância. Estou inclinado a acreditar que é verdade, porque meus problemas com o carnaval só podem ser causados pelo trauma que passei em meu primeiro baile infantil, enfrentado quando eu morava em Aracaju. Fui fantasiado de pierrô: roupa de cetim azul, borlas cor-de-rosa no lugar dos botões, um chapéu cônico com uma outra borla no topo, duas rodelas de ruge na cara, batom e pó de arroz. Cheguei a suspeitar que minha mãe preferia que eu tivesse nascido menina e, se pudesse, me fantasiaria de colombina. O fato é que eu não queria entrar no baile e me transformei, para o resto da vida, num carnavalesco singular, pois gosto do carnaval na teoria e sou contra na prática.

Para não falar que, além disso, sofri diversos outros traumas, alguns dos quais já na adolescência ou mesmo depois de adulto, reforçando meu sentimento de anormalidade por não entrar na folia. Fiz de tudo para entrar, mas não deu certo. Já frangote, por exemplo, combinei um truque com um amigo que também padecia do mesmo mal, companheiro de infortúnio momesco e mulheresco. Naquele tempo dos bailes, quando o sujeito ia sem companhia feminina, entrava no salão e saía pulando, às vezes com uma toalhinha pendurada no pescoço para cheirar lança-perfume. De repente, via uma moça também sozinha, estendia os braços para a frente e para o alto na direção dela e a moça vinha brincar com ele.

Moleza, decidimos nós dois, depois de passarmos umas duas horas observando o panorama da festa. Dava certo com todo mundo. Eu só não tinha a toalhinha, mas diversos destoalhados também apanhavam as moças, de maneira que não podíamos dizer que nos faltava equipamento essencial. Acompanhamos as manobras de vários apanhadores de moças e chegamos à conclusão de que a técnica não tinha segredos. Braços estendidos, sorriso nos lábios, pulinhos no ritmo da marchinha sendo tocada, ar confiante e moça no papo. E aí, depois de rondarmos o salão fazendo força para afetar familiaridade e mesmo indiferença diante do fuzuê geral, decidimos entrar na luta.

Ah, meus amigos, botem trauma de adolescente nisso. De meu posto de observação junto ao salão, podia ver algumas moças bem aproveitáveis, apesar de as melhores já estarem tomadas, que deveriam ser presas fáceis para foliões dando sopa. Fui realista e escolhi uma dentucinha de óculos. Era bem capaz de ela também ter trauma e aceitar solidariedade em meus braços estendidos. Respirei fundo, andei para lá e para cá alguns minutos, para finalmente adentrar o salão. Ela estava do outro lado, o que me dava tempo para deixar de me sentir ridículo, pulando sozinho com um sorriso que, creio eu agora, devia parecer esculpido à faca. Não envergonhei a pátria, fui em frente com decisão e coragem. Eis que finalmente, a uma distância de dois metros, encarei a dentucinha, levantei os braços e esperei estar com a mão no ombro dela em poucos instantes. Mas, assim que ela me viu em pose de combate, me lançou um olhar que até hoje não gosto de lembrar e deu uma meia-volta fulminante. Claro, ninguém mais reparou em nada, mas eu me achei desmoralizado permanentemente, o que se confirmou com várias outras, até que desisti. Até hoje não estendo os braços para ninguém, há um limite para rejeição, mesmo depois dos sessenta.

Mas o pior trauma foi o que acho que já contei aqui, faz algum tempo. Muita gente, contudo, não leu ou não lembra, de maneira que acho que posso contar de novo. Foi quando, depois de diversas outras tentativas, de blocos a batucadas, cedi a pressões e resolvi sair em Itaparica, na companhia de um primo meu, ambos vestidos de mulher. Era tanta minha vontade de ser carnavalesco que achei que, se me desse bem daquele jeito, ia entrar para um bloco de bonecas qualquer, destino é destino. E aí nos preparamos nós, envergando cada um uma máscara daquelas de pano e nariz vermelho que se usava muito antigamente.

Devo confessar que, pouco tempo depois de zanzar pela ilha, pulando aqui e ali daquele jeito, achei que não tinha muita graça. Meu primo também, mas, tratando-se de um jovem com espírito prático e empreendedor, ele resolveu que, se assim não nos divertíamos, pelo menos podíamos tirar algum proveito da situação. E, claro, o primeiro que nos veio à mente foi faturar uma graninha, coisa muito comum entre os mascarados daquela época, lá na ilha. E nosso alvo era garantido: o avô de meu primo e meu tio-avô, que era rico, apesar de não muito reputado pela mão aberta, ou talvez por causa disso mesmo. De qualquer forma, o máximo de nossa ambição eram uns trocados que pelo menos recompensassem em parte nosso sacrifício em prol das tradições nacionais, nada que lhe arranhasse a fortuna.

Chegamos lá à casa dele, entramos falando com aquela vozinha fina de careta dos velhos tempos e fizemos uma porção de brincadeiras com todo mundo em casa, até chegarmos ao velho. Estava na hora de mexer com ele e, no fim, pedir um dinheirinho mixo qualquer. Ficamos junto a ele, dizendo não recordo que bobagens, até que ele me piscou um olho safado e, antes que eu pudesse fazer alguma coisa, enfiou a mão por baixo de minha saia. Pulei fora rapidamente.

— Que é isso, vô, sou eu! — exclamei, tirando a máscara.

— He-he-he — fez ele, sem sinal de arrependimento. — Quem não quer ser não tenta parecer!

E, mesmo depois de tudo esclarecido, recusou-se, alegando no momento se encontrar desprevenido, a nos dar um tostão. Carnaval, desengano.

O feriado de amanhã

Já escrevi, aqui e em não sei mais lá em quantas publicações, a respeito do Sete de Janeiro, mas receio que bem poucos lembrem qualquer coisa da verdadeira data magna da independência brasileira. Meu avô, o coronel Ubaldo Osório, historiador, patriota e orador cívico, nunca se resignou com tal injustiça e quem o ouvia desdenhar do Sete de Setembro logo se contaminava com sua indignação. Amanhã, é claro, devia ser feriado nacional, pois é a data em que os itaparicanos expulsaram definitivamente o opressor lusitano e a ilha se tornou, no longínquo 1823, quiçá o primeiro solo realmente brasileiro. Bem sei que outras cidades, notadamente no recôncavo baiano, reivindicam a mesma glória, mas advirto aos que assim pensam, em qualquer parte do orbe terrestre, que o fantasma de meu avô, com o sobrolho cerrado e as bochechas panejando de cólera, virá assombrá-los, tão certo quanto o domingo vem depois do sábado.

O coronel Ubaldo, também aqui já ocasionalmente mencionado, era um homem de convicções sólidas e enérgicas. Convicções tão enraizadas que, de forma para mim admirável, a realidade não as alterava em absoluto. Por exemplo, ele nunca acreditou na existência de televisão. Quando a televisão chegou à Bahia, aí pelo começo da década de 60, a família, mesmo acossando-o em massa, jamais conseguiu que ele assistisse a um segundo de televisão. Não podia evitar ver os aparelhos desligados, mas escutava com mal disfarçado desdém explicações de como ali apareceriam pessoas, paisagens vivas e assim por diante.

— Creio, creio — dizia ele volta e meia, tentando despachar o palestrante. — Creio muito.

— Não, o senhor está duvidando, eu conheço o senhor. Mas é verdade. Eu vou ligar um instantinho para o senhor ver.

— Não ligue esta merda, que eu saio desta casa e nunca mais ponho os pés aqui!

Pronto, ninguém ligava. E, se ele, nas raríssimas ocasiões em que passava alguns dias conosco (levava garrafões de água da ilha, pois não bebia água nenhuma que não fosse de lá, nem mesmo em forma de chá), notasse que estavam assistindo à televisão na sala, não passava por lá. Se tinha de passar, passava olhando ostensivamente para o lado e cantarolando, certamente para encobrir o som que saía do aparelho. Se já estava na sala e alguém ligava a tevê, saía imediatamente. Se insistissem, usava uma variante da defesa padrão.

— Creio, creio — repetia, já fora da sala. — Creio muitíssimo. Um dia destes eu assisto com vocês, podem deixar.

Nunca assistiu, é claro, assim como nunca tocou em qualquer aparelho elétrico. Não precisava estar ligado a nenhuma tomada. Ele não queria aproximação e, quando precisava sair com uma lanterna de pilha para iluminar o caminho, chamava um dos numerosíssimos membros de seu staff, porque ele mesmo não punha a mão naquele negócio. Quando a prefeitura de Itaparica instalou um gerador a óleo que fornecia energia do escurecer até mais ou menos as dez da noite, minha avó, sob os resmungos dele e ameaças de se refugiar na fazenda para nunca mais voltar, pôs lâmpadas na casa. Ele acabou gostando, porque tornava ler bem menos penoso que à luz de um candeeiro, mas jamais chegou perto de um fio ou interruptor. Chamava alguém.

— Acenda a lâmpada incandescente — dizia ele, visivelmente tenso e ansioso enquanto a operação não chegava ao final, e hoje tenho a impressão de que achava que, daquela vez, alguma coisa ia explodir.

Tampouco achou necessário viajar a lugar algum, embora falasse com desenvoltura sobre cidades, costumes e até comida de outros países. Mas nunca saiu da ilha e, quando lhe diziam que havia praias bonitas em outros lugares, praias até mais bonitas que as da ilha, afirmava que se tratava de uma impossibilidade e encerrava severamente a discussão. A mesma coisa quando lhe falavam sobre avanços tecnológicos que nem pensávamos em ver ainda. Sentenciava que era tudo mentira e proibia que o interlocutor continuasse a perturbá-lo com aquela conversa para néscios. Uma vez um sujeito quis tirar o que na época se chamava "um instantâneo" de meu avô (que não era tão instantâneo assim, porque as máquinas ainda tinham muitas limitações e às vezes os preparativos demoravam) e foi posto para fora de casa. Ele só admitia ser fotografado depois de fazer a barba, tomar um banho e se arrumar com paletó e gravata e um toque de água de cheiro, que minha avó nunca esquecia. Tirar retrato só limpo e cheiroso e bem apresentado.

E assim viveu meu avô. Já em dezembro se ouviam, num murmúrio ininteligível, as palavras candentes com que ele falaria aos conterrâneos sobre o orgulho de ser brasileiro e o orgulho de, como se isso não fosse suficiente, ser itaparicano. Escrevia às vezes andando pela casa e fazendo pausas súbitas, em que uma palavra mais sonorosa ou um jogo sintático feliz o deixavam quase em êxtase. Só não conseguiu que o Sete de Janeiro virasse feriado nacional e muito menos da independência.

Quer dizer, isso até hoje. Porque hoje, levantada a bola da data, não vou deixar nem que ela toque no chão, emendo direto: amanhã é feriado nacional, a verdadeira data da independência. Engulam esta, fluminenses, cariocas, paulistas, mineiros ou quem mais se apresente. Pronto, vô, está feito, a verdade foi finalmente proclamada numa gazeta de grande circulação, no melhor país do mundo, como o senhor sempre quis. E continuamos a ser o melhor país do mundo. Para os mesmos, mas melhor ainda que antes.

Defendendo a pátria

Lá em casa, nós sempre colaboramos muito com a Seleção Brasileira e, se falhamos em 50, 54 e 66, não terá sido por falta de esforço nosso. Em 58, inclusive, meu pai descobriu uma rotina infalível para provocar gols do Brasil e secar o adversário. Era coisa simples, que qualquer baiano entende. Consistia em repetir todas as circunstâncias que cercaram o jogo contra a Áustria, que nós ganhamos por três a zero. Facilitamos no jogo contra a Inglaterra e foi o que se viu: empatamos de zero a zero e o goleiro deles, se não me engano um tal de MacDonald, pegou tudo.

    Meu pai ficou muito chateado com esse empate e assumiu sua parte de responsabilidade na questão. E, assim, no dia do jogo contra a Rússia (que dispunha de um computador, na época chamado sinistramente de "cérebro eletrônico", o qual provara por A mais B que os russos iam ganhar da gente), tomamos as seguintes providências: a) ligamos os dois rádios que funcionaram no dia do jogo contra a Áustria, ou seja, o radiozão da nossa Hi-Fi último tipo (com legítima agulha de safira e um disco de demonstração) e o radiozinho de tampo quebrado que ficava no quarto dos fundos; b) usamos, meu pai e eu, precisamente as mesmas roupas do jogo da Áustria — meu pai, um pijamão semelhante aos que ele usava antigamente de noite para ir prosar na varanda, eu a minha camisa de Jersey Valisere (adquirida suntuosamente no próprio Rio de Janeiro, na loja O Príncipe, que vestia hoje o homem de amanhã, pois meu pai, toda vez que vinha ao Rio, se hospedava gravemente no Serrador, ia ver Dulcina e Odilon e comprava roupas para as crianças na loja O Príncipe-veste-hoje-o-homem-de-amanhã; c) estabelecemos diversas rotinas, baseadas nos acontecimentos ocorridos no dia da retumbante vitória sobre a Áustria, com um gol de Nilton Santos que provocou um discurso do velho que não deixou um olho seco na casa — e assim meu pai ficou em posição de sentido na hora do Hino Nacional (que não era fácil de reconhecer, no meio daquela zoadeira toda de transmissão), botou o mesmo balde de gelo na mesma posição junto do vitrolão, uma garrafa do mesmo uísque (Cavalo Branco, rabo pra baixo) e os mesmos copos; me ordenou que acionasse a descarga do banheiro do corredor toda vez que Nilton Santos pegasse na bola (eu tinha dado descarga na hora do gol e meu pai achou que foi uma boa) e estabeleceu um esquema para a nossa movimentação entre o rádio da sala e o do quarto: por exemplo, se for falta perigosa contra o Brasil, você corre para dentro, eu seguro aqui; se for pênalti contra o Brasil, você abaixa o rádio de dentro, eu abaixo o de fora; se for pênalti contra os homens, nós dois temos de ouvir aqui na sala sem mudar de estação etc. etc.

No dia do jogo, a gente nem comeu direito. "Atenção, Brasil!", berrou o rádio.

— Já começou o hino? — perguntou meu pai, nervosíssimo e assumindo posição de sentido. Mas não tinha começado. Eram aqueles papos anteriores ao jogo, muito anteriores mesmo, em que alguns comentaristas, entre metáforas altissonantes e exortações à Pátria, falavam no tremendo cérebro eletrônico soviético, no fantástico Igor Netto, coração da temível equipe bolchevique e, naturalmente, no sobrenatural Yashin, a Aranha Negra, invencível guarda-valas socialista, que pairava sobre os atacantes adversários como um espectro voador e abocanhava as bolas qual um sapo abocanhando moscas.

— Se fosse em Alagoas, a gente dava um jeito desse Yashin não entrar — disse meu pai, que não é avesso ao emprego de certos métodos tradicionais nordestinos. — Já está tocando o hino?

Finalmente o hino tocou, foi dada a partida. Garrincha dribla um, dribla dois, na traaaaave! A família manteve a compostura.

— Se Garrincha sair com essa bola de novo e vosmecê não estiver no banheiro dando descarga no mesmo instantinho, não respondo por mim — disse-me meu pai, ainda esfregando a mão para aliviar a dor do sopapo que tinha dado na cadeira, na hora em que a bola bateu na trave.

Garrincha pegou na bola. Ou então foi Didi, que eu não esperei para ter certeza — quem tem pai alagoano sabe dessas coisas. Corri para o banheiro em meio ao alarido infernal dos dois rádios a todo vapor e de mais todos os rádios e alto-falantes da Bahia entrando pelas janelas adentro, e puxei a descarga com toda a força, esperando que o Brasil ainda estivesse com a bola, apesar de todo o emaranhado da narração desenfreada dos locutores. Vavá, Vavá, Vavá, gol do Brasil, Vavá! Gol do Brasil! Corri para a sala, os foguetes trovejavam loucamente, meu pai cumprimentou-me pela minha presença de espírito e agilidade.

— Na hora em que a água começou a correr — explicou-me ele —, eu senti que Vavá ia meter o pé nessa bola. Eu sempre disse que, numa hora de decisão como essa, nada como um pernambucano no comando do ataque. O pernambucano, quando bem orientado e de bom caráter, só não chuta a mãe, o resto ele chuta.

O resto foi como se sabe, trabalhamos muito, houve mais bolas na trave (meu pai disse que era porque, na ocasião dos chutes, sempre havia alguém passando no corredor, o que atrapalhava a conclusão do lance — e aí obrigou todo mundo a ficar quieto na sala). Veio o segundo gol, também de Vavá, que tinha chutado a bola e mais uns quatro russos, e saíra machucado.

— O pé de Vavá está sangrando! — anunciou o locutor.

— Isso não tem importância — sentenciou meu pai. — Podia quebrar em seis lugares, que ele chutava do mesmo jeito. Eu morei no Recife, conheço esse povo, é um povo encasquetado da peste.

No jogo seguinte, contra o País de Gales, pecamos por excesso de confiança, ganhamos por um golzinho chorado de Pelé. Só nos demos conta do problema já no fim do primeiro tempo e, antes que fosse tarde demais, tomamos todas as providências necessárias, embora, no fundo, meu pai se revelasse tranquilo, já que não havia esquecido nem o pijama nem a posição de sentido na hora do hino. Mesmo assim, deliberamos não facilitar mais e, em consequência, nossas habilidosas manobras com os rádios, a descarga e o controle de circulação no corredor renderam dois espetaculares escores de cinco a dois, contra a França e a Suécia. Nunca contamos isto a ninguém, somos heróis anônimos do esporte. E este ano ninguém segura a gente: meu pai me telefonou, comunicando que achou o pijama que usou em 70.

O verbo *for*

Vestibular de verdade era no meu tempo. Já estou chegando, ou já cheguei, à altura da vida em que tudo de bom era no meu tempo; meu e dos outros coroas. Acho inadmissível e mesmo chocante (no sentido antigo) um coroa não ser reacionário. Somos uma força histórica de grande valor. Se não agíssemos com o vigor necessário — evidentemente o condizente com a nossa condição provecta —, tudo sairia fora de controle, mais do que já está. O vestibular, é claro, jamais voltará ao que era outrora e talvez até desapareça, mas julgo necessário falar do antigo às novas gerações e lembrá-lo às minhas coevas (ao dicionário outra vez; domingo, dia de exercício).

 O vestibular de Direito a que me submeti, na velha Faculdade de Direito da Bahia, tinha só quatro matérias: português, latim, francês ou inglês e sociologia, sendo que esta não constava dos currículos do curso secundário e a gente tinha que se virar por fora. Nada de cruzinhas, múltipla escolha ou matérias que não interessassem diretamente à carreira. Tudo escrito tão ruybarbosianamente quanto possível, com citações decoradas, preferivelmente. Os textos em latim eram *As Catilinárias* ou *Eneida*, dos quais até hoje sei o comecinho.

Havia provas escritas e orais. A escrita já dava nervosismo, da oral muitos nunca se recuperaram inteiramente, pela vida afora. Tirava-se o ponto (sorteava-se o assunto) e partia-se para o martírio, insuperável por qualquer esporte radical desta juventude de hoje. A oral de latim era particularmente espetacular, porque se juntava uma multidão para assistir à performance do saudoso mestre de Direito Romano Evandro Baltazar de Silveira. Franzino, sempre de colete e olhar vulpino (dicionário, dicionário), o mestre não perdoava.

— Traduza aí "quousque tandem, Catilina, abutere patientia nostra" — dizia ele ao entanguido vestibulando.

— "Catilina, quanta paciência tens?" — retrucava o infeliz.

Era o bastante para o mestre se levantar, pôr as mãos sobre o estômago, olhar para a plateia como quem pede solidariedade e dar uma carreirinha em direção à porta da sala.

— Ai, minha barriga! — exclamava ele. — Deus, oh Deus, que fiz eu para ouvir tamanha asnice? Que pecados cometi, que ofensas Vos dirigi? Salvai essa alma de alimária. Senhor meu Pai!

Pode-se imaginar o resto do exame. Um amigo meu, que por sinal passou, chegou a enfiar, sem sentir, as unhas nas palmas das mãos, quando o mestre sentiu duas dores de barriga seguidas, na sua prova oral. Comigo, a coisa foi um pouco melhor, eu falava um latinzinho e ele me deu seis, nota do mais alto coturno em seu elenco.

O maior público das provas orais era o que já tinha ouvido falar alguma coisa do candidato e vinha vê-lo "dar um show". Eu dei show de português e inglês. O de português até que foi moleza, em certo sentido. O professor José Lima, de pé e tomando um cafezinho, me dirigiu as seguintes palavras aladas:

— Dou-lhe dez, se o senhor me disser qual é o sujeito da primeira oração do Hino Nacional!

— As margens plácidas — respondi instantaneamente e o mestre quase deixa cair a xícara.

— Por que não é indeterminado, "ouviram etc."?

— Porque o "as" de "as margens plácidas" não é craseado. Quem ouviu foram as margens plácidas. É uma anástrofe, entre as muitas que existem no hino. "Nem teme quem te adora a própria morte": sujeito: "quem te adora." Se pusermos na ordem direta...

— Chega! — berrou ele. — Dez! Vá para a glória! A Bahia será sempre a Bahia!

Quis o irônico destino, uns anos mais tarde, que eu fosse professor da Escola de Administração da Universidade Federal da Bahia e me designassem para a banca de português, com prova oral e tudo. Eu tinha fama de professor carrasco, que até hoje considero injustíssima, e ficava muito incomodado com aqueles rapazes e moças pálidos e trêmulos diante de mim. Uma bela vez, chegou um sem o menor sinal de nervosismo, muito elegante, paletó, gravata e abotoaduras vistosas. A prova oral era bestíssima. Mandava-se o candidato ler umas dez linhas em voz alta (sim, porque alguns não sabiam ler) e depois se perguntava o que queria dizer uma palavra trivial ou outra, qual era o plural de outra e assim por diante. Esse mal sabia ler, mas não perdia a pose. Não acertou a responder nada. Então, eu, carrasco fictício, peguei no texto uma frase em que a palavra "for" tanto podia ser do verbo "ser" quanto do verbo "ir". Pronto, pensei. Se ele distinguir qual é o verbo, considero-o um gênio, dou quatro, ele passa e seja o que Deus quiser.

— Esse "for" aí, que verbo é esse?

Ele considerou a frase longamente, como se eu estivesse pedindo que resolvesse a quadratura do círculo, depois ajeitou as abotoaduras e me encarou sorridente.

— Verbo for.
— Verbo o quê?
— Verbo for.
— Conjugue aí o presente do indicativo desse verbo.
— Eu fonho, tu fões, ele fõe — recitou ele, impávido. — Nós fomos, vós fondes, eles fõem.

Não, dessa vez ele não passou. Mas, se perseverou, deve ter acabado passando e hoje há de estar num posto qualquer do Ministério da Administração ou na equipe econômica, ou ainda aposentado como marajá, ou as três coisas. Vestibular, no meu tempo, era muito mais divertido do que hoje e, nos dias que correm, devidamente diplomado, ele deve estar fondo para quebrar. Fões tu? Com quase toda a certeza, não. Eu tampouco fonho. Mas ele fõe.

O astro

Sempre enfrentei problemas com a televisão. O primeiro foi que a gente tinha trauma de tevê desde o tempo de Sergipe, porque apareciam fotografias na revista *O Cruzeiro*, de pessoas assistindo à tevê no Rio de Janeiro, e a gente morria de inveja. Quando nos mudamos para a Bahia, também ainda não havia televisão por aqui, de forma que, assim que ela apareceu, eu já com 17 anos, meu pai comprou logo um aparelho e botou na sala. Tinha uma imagem-padrão e uma musiquinha, a gente assistia bastante.

    A imagem-padrão era a silhueta de um índio, no meio do que parecia ser um alvo. "Se esse índio se mexer", dizia meu pai quando ia lá dentro, "você me chame logo!". Mas demorou muito para se mexer, o pessoal em casa até ficou meio desestimulado e quase que a gente nem ia mais à sala ver a imagem-padrão, só passávamos umas quatro ou cinco horas por noite espiando. Meu pai não se deixou abater. Boa música, boa música, dizia ele, alisando o aparelho.

    Finalmente, os programas começaram. Tinha garota-propaganda (tudo falando carioca e alisando fogões e liquidificadores, era uma coisa emocionante; havia torcidas: eu, por exemplo, gostava mais da moça das lojas Florensilva, mas meu pai se mexia na cadeira quando surgia a moça da loja Duas Américas e dizia "muito bom esse liquidificador, um excelente liquidificador") e apresentadores de paletó e gravata. Vinha gente de fora, também falando carioca e dizendo que o baiano era muito carinhoso e ma-ra-vi-lho-so e a imagem de nossa tevê era a melhor do Brasil e então ficávamos orgulhosíssimos e dizíamos "viu você, viu você?".

    O primeiro programa para que me convidaram era um jogo em que as pessoas tentavam adivinhar a profissão de outras pessoas. Cheguei lá de camisa esporte, recebi uma reprimenda: volte para casa e vista roupa de televisão, isto aqui é coisa séria. Voltei, vesti a roupa de televisão, e me dei mal, a começar pelo cumprimento, que tinha de ser "boa noite, senhores telespectadores" e eu não acertei a dizer telespectadores.

    — Boa noite, senhores tepelespectadores — disse eu finalmente, tendo suores frios.

    Minha equipe perdeu, eu enterrei o time. Só me vinha na cabeça "tratorista". "O senhor é tratorista?", perguntava eu. "Não", dizia o entrevistado. "Oh", dizia eu. Mas minha mãe ficou muito orgulhosa e discutiu com uma vizinha que me achou um tanto burro. Ele não é burro, disse minha mãe, ele é somente meio bobo, é muito diferente.

    Depois me chamaram para escrever para a Globo, me deram uma passagem e eu vim ao Rio, carregando uma maletinha de pau de arara. Fui para o Jardim Botânico, com a maletinha, às sete e meia da manhã. Achei que impressionaria bem se eu chegasse cedo, e ninguém tinha explicado que o pessoal só acordava depois das duas da tarde. Demorou bastante para me atenderem. Comi um sanduíche no boteco defronte, cortei o cabelo e dei informações a passantes. Às duas horas, mais ou menos, me levaram lá para dentro e me mandaram para o teatro onde gravavam um programa chamado Satiricon. Fiz grande sucesso. De vez em quando saía um cara lá de dentro e dizia: "Tudo bem aí, baiano?"

Acabei encostando na sala da técnica e Bibi Vogel veio ver uma cena em que ela aparecia. "Você achou que saiu bem?", perguntou ela. "Sim, sim", respondi. "Brigadinho", disse ela, passando a mão na minha cabeça. Jô Soares fez um quadro e me perguntou: "Achou bom, baiano?" Ah, uma beleza, disse eu, e ele falou "olhe aí, ô Vanucci, o baiano achou bom". Durante algum tempo pensei que eles iam me contratar para ficar botando o polegar para cima e dizendo que tinha sido ótimo, mas até hoje não tenho certeza quanto a isto. Por volta das dez horas, voltei para o hotel e, no dia seguinte, para a Bahia. Até hoje guardo gratas recordações desse meu tempo de colaboração com a Globo.

Finalmente, excetuando algumas aparições com Glauber, em que, quando eu vi, tudo já tinha sido gravado, surgi no vídeo em companhia de Marília Gabriela, em São Paulo. Cheguei calmíssimo, com a suéter vestida ao contrário e a barba feita de um lado só, porque o motorista que foi me buscar no hotel estava com pressa. Marília apareceu de repente, coisa que não se faz.

— Como vai? — disse ela, sorrindo.

— Ah, da-da — respondi brilhantemente. — É... sim, ha-ha. Hu... Sim, como não, ha-ha, não? Ho-ho.

— Eu já li seus livros — disse ela, me olhando como quem fala "eu compreendo".

Felizmente, a mão que tremia estava do lado oposto ao da câmera e até que aquela suéter (é de minha mulher) ao contrário dá um certo charme. "Leve ele direitinho", disse Marília ao motorista depois da entrevista, com um ar de preocupação no olhar.

Mas agora não, agora já estou acostumado. Por exemplo, todo mundo viu que eu fui entrevistado outro dia (aqui na Pituba, pelo menos, todo mundo viu) e me saí muito bem. É tudo uma questão de o sujeito estar na terra dele e todo mundo já saber como deve fazer as coisas. Meus agradecimentos à equipe médica da TV-Aratu, aos quatro câmeras e às

18 entrevistadoras, principalmente à que não desistiu. Um dia — é o que sempre digo a meu pai, quando ele pergunta o que é que eu quero da vida — eu ainda saio na capa de Amiga.

Aventuras baianas

Estive na Bahia, com o propósito de reencontrar amigos e descansar. Já um pouco enferrujado em matéria de baianidade, esqueci que se trata de propostas inconciliáveis. Ou bem descansar, ou bem rever os amigos. Não fui a Salvador, fui a Canavieiras, cidadezinha admirável, no delta do rio Pardo, e encantadoramente agradável, com um céu sempre azul e um mar indescritível. Quanto aos amigos, uma beleza, a começar pelo baluarte muçulmano Zeca Harfush, passando pelo prefeito Boaventura, melhor conhecido como Boinha. Quanto ao descanso, vejo-me aqui quase sem forças para tripular o teclado, depois de uns programinhas bobos, a maior parte envolvendo refeições pantagruélicas de várias horas de duração, seguidas prontamente de mais comida. Isso além da viagem em si, que depois conto.

Tivemos tempo para algumas novidades interessantes. Por exemplo, uma das salas do café da manhã do hotel (hotel, não; resort, que é que vocês estão pensando) é frequentada por passarinhos folgados, inclusive um sebinho capenga, que, apesar de deficiente físico, parece passar muito bem com a sua perninha torta. Aparece regularmente todos os dias de manhã, para beliscar a comida dos hóspedes na mais completa sem-cerimônia. É casado, mas a fêmea aparentemente não partilha de seus hábitos boêmios e quase nunca dá o ar de sua graça. Ele não. Vai de uma mesa a outra, dá uns pulinhos em direção aos pratos e faz sua escolha com absoluta cara de pau. Além deles, chamava também a atenção um operoso casal de joões-de-barro, preocupado em catar material para a construção do tradicional quarto e sala onde vivem os joões-de-barro. Em frente, chegando majestosamente ao mar, o rio Patibe, que não se incomoda em ser chamado pelo apelido de Patife e, pelo contrário, é um príncipe de imperturbável serenidade, deslizando entre suas margens de vegetação cerrada.

    Que outras lembranças trago? Moquecas de peixe enormes, ostras enormíssimas, pitus igualmente, caranguejos e guaiamus hercúleos, almoços de seis horas, casos, canções, discursos e recitativos, tudo na melhor tradição de minha terra. E mais poderia contar-lhes, se não corresse o risco de matá-los de inveja, porque qualquer um se sensibilizaria com tanta beleza e tanta amabilidade. Bem verdade que houve uma entrevistazinha, para o jornal da terra (impresso a cores; sorry, periferia), mas não doeu. Nem me perguntaram se eu morava no Rio mesmo, questão inicial da maioria das entrevistas que dou, antes de começar a responder às perguntas habituais, que dessa vez não foram tão habituais assim.

    E, apesar de cansado, não teria queixas, se não fosse a viagem de volta. Saímos pelo aeroporto de Ilhéus, que fica a uns 150 quilômetros de onde estávamos. Tivemos de ir de carro e, devido a alguns mal-entendidos, partimos com a passagem marcada para o dia anterior e um pouco atrasados. Mas não haveria de ser nada. O Três, conhecido por esse nome porque é o carregador número 3 do aeroporto há décadas, já nos havia garantido lugar, num voo dessa companhia que bota um tapete vermelho diante dos que descem ou sobem no avião. Em terra, atendimento impecável, com o Três, que, de celular em punho, tomava as providências, funcionando como uma agência de turismo moderníssima, e a simpática mocinha do balcão, que fazia tudo entre sorrisos e boa vontade. Infelizmente, pela lógica dos negócios, teríamos de ir mais ao sul, a São Paulo e de lá fazer o transbordo para um voo da ponte aérea com destino ao Rio.

Foi um voo um tantinho carregado de suspense. A bandeja em frente ao cavalheiro que se sentou junto a mim teimava, apesar de travada, em cair à frente dele a cada dois minutos, o que há de se admitir ser um pouco enervante. A equipe de bordo anunciava que obedecêssemos aos avisos de não fumar e apertar cintos, mas nenhum desses se acendia. O painel de luz, botões e outros trequinhos que ficam em cima da cabeça das pessoas ameaçava despencar, ou então chamava a comissária de bordo sem que ninguém apertasse botão nenhum. A cadeira de minha mulher não se reclinava, com a explicação de que a coluna vertebral dela, que não é nenhuma Brastemp, devia ser compreensiva e parar de doer, porque a poltrona se encontrava em frente a uma saída de emergência, fato que, obviamente, não ocorreria se houvessem providenciado uma arrumação de poltronas menos enclausurante. E, finalmente, a descarga de um dos banheiros não funcionava. Estávamos, eu e outro passageiro, debatendo essa vexatória questão, quando o comandante, que por acaso se encontrava no banheiro em frente, saiu e nos perguntou o que havia.

— A descarga não funciona.

— Com certeza? — perguntou ele amistosamente. — Vocês apertaram o botão direito? É porque a de cá também parecia não funcionar, mas, apertando certo, funciona.

— Então esta daqui, sabendo que o senhor é o comandante, talvez o respeite e obedeça.

Ele marchou confiante, apertou o botão e a descarga ignorou a hierarquia, porque continuou a não funcionar. Enfim, foi um voo prenhe de emoções, em que já imaginávamos que o trem de pouso fosse de patinetes, até que chegamos a São Paulo e ficamos, na amável companhia de um despachante, esperando que um carro nos viesse pegar, para o transbordo, que seria imediato. Não foi lá tão imediato assim e, na sombra do avião, ali mesmo na pista, fazia frio, enquanto no sol fazia calor. Mas embarcamos, desta vez num avião que realmente parecia novo, o que nos era exaustivamente explicado pelas telinhas. Tudo bem, descemos no Rio, esperamos as malas e só chegou uma delas. Tivemos que esperar pela outra, que acabou chegando no voo seguinte. Ou seja, nem tudo são flores quando se faz certas viagens. Da próxima vez, vou dispensar o tapete vermelho e preferir um avião posterior à Segunda Guerra Mundial. Perdão, leitores, mas não foi ainda desta vez que vocês conseguiram livrar-se de mim, estou de volta.

Com o pé direito

Esse negócio de férias é chato porque, assim que a gente vai se acostumando à vagabundagem, chega a hora de voltar ao batente. Como parte da futura nova ordem global, que prescindirá de milhões de empregos mas ainda precisará que os indivíduos ganhem algum dinheiro, a fim de consumirem o que leva o mercado à frente, sugiro, modestamente, mas sem vergonha de nenhum economista (quem tem vergonha de economista só pode ser complexado), que doravante sejam onze meses de férias por ano, contrabalançados por um mês de trabalho. Apesar de escritor, categoria que, no ver da maioria, não trabalha, sei que trabalho e estou disposto a dar minha quota de sacrifício. Apresento-me para fornecer colaboração com qualquer tentativa de implantar a Teoria Geral do Lazer Remunerado, que já se vem esboçando no pensamento de alguns analistas da vida contemporânea.

Até porque as férias já dão suficiente trabalho. Nesses quatro domingos que se passaram desde o dia em que me despedi daqui temporariamente, enfrentei vicissitudes mais do que promete a força humana. Iniciaram-se pela estada em Itaparica, ilha onde vi a luz pela primeira vez e à qual fui, com ares de filho pródigo, numa dessas quatro semanas em que estive de férias. Muito cansativo. Acordava às cinco da manhã, ia para a varanda olhar os passarinhos, entre os quais diversos sabiás — com aquele cantinho de sabiá, firuli-filuri-fá —, um número indecente de beija-flores, papa-capins, sebinhos, sanhaços, bem-te-vis e produtores independentes diversos, dos quais só tenho raiva, porque não valem nada, os pardais. Estes não existiam na ilha e muito menos no Brasil, aonde, segundo me contam, foram trazidos pelo prefeito Pereira Passos, sob o incitamento de Olavo Bilac, que era muito de hino à bandeira e serviço militar obrigatório, mas não deixava de ser colonizado e tinha inveja dos pardais de Paris, que nem de longe se assemelham aos pardais aclimatados aqui e que desbancaram o tico-tico e se limitam a viver dos restos produzidos pelo homem, não colaborando em nada com a administração dos nossos males.

Ah, mas Itaparica, nem lhes conto. Não é por me gabar, não, mas minha terra está uma beleza. Refizeram a orla na contracosta, ergueram quiosques não-agressivos, está tudo limpinho e agradável, além de se poder fazer coisas que não fazemos em outras partes, tais como comer uma moquequinha de camarão no capricho (indico a de Dete, no antigo colégio Carneiro Ribeiro) ou tomar mingau de tapioca enquanto a Aurora de Dedos Cor-de-Rosa aparece na fímbria do horizonte. Para não falar no mocotó das sete ou oito horas da manhã, com uma cervejinha e a companhia compreensiva da família. Fui ao restaurante de Marinalva e lá pude desfrutar disso que vocês podem achar uma heresia, mas é das melhores coisas que Deus nos oferta.

Fui também à coroa (um descomunal banco de areia, que se abre a quilômetros do quebra-mar), para de novo deparar com as maravilhas da natureza marinha, tais como búzios minúsculos que ostentam desenhos nos cascos de envergonhar qualquer vitral europeu e os peixinhos que trafegam velozmente de lá para cá, entre as poças que a maré vazante deixa. Pegamos siris — oh vida sacrificada! — com um pedacinho de pau para imobilizá-los, catamos mariscos que aqui são chamados chiquemente de "vôngole", mas que lá são chumbinhos ou papa-fumos mesmo, fui ao Mercado (novíssimo e glamourosíssimo) para rever, entre outros, meus amigos Major, Güeba, Nilton, Zé Pretinho, Grande e não sei mais quantos, ah vida minha.

Morreu Maloba, meu amigo de infância, assim como morreram Luiz Cuiúba, Vavá Paparrão (um dia destes eu conto por que ele tinha o apelido de paparrão; mas não conto agora, temo processos) e Zé de Honorina. Isto me deixa chateado, mas pelo menos estava lá meu amigo Toinho Sabacu, cuja alegria em ver-me é inegociável. E estavam Soldado e Magno, este proprietário de um restaurante que me homenageia, estava lá principalmente Benebê, que, às vésperas dos noventinha, ainda sai de bicicleta todas as manhãs, no arrebol matinal. Quanto a Soldado, organiza o concurso anual de pesca de peixe miúdo, arte e ciência que não estão ao alcance de qualquer um, onde sou honrado com uma camiseta levando meu nome e onde são premiados, sob o crivo de rigorosíssima fiscalização, os que pegaram mais carapicus, os que pegaram o maior carapicu e outros que a vã memória não permite recordar. No próximo ano, se Deus quiser, estarei lá para também concorrer. Não vou ganhar, porque nunca fui um campeão nessa área, mas vou competir, o que é mais importante, segundo ouvimos na tevê, em todos os Jogos Olímpicos.

Sim, e também estive em Portugal, num evento chamado "Correntes de Escrita", coordenado com encantador rigor por minha amiga (e parenta, com certeza) Manuela Ribeiro, na Póvoa de Varzim, terra, diz-se, de Eça de Queirós, cujos encantos não são fáceis de encontrar, mas a eles nos apresentaram amigos velhos e de fé. Disse besteiras amavelmente suportadas, fiz o possível para não envergonhar vocês — enfim, curti, embora não goste de reconhecer, as minhas férias.

E, agora que volto, vejo as manchetes dos jornais. Reiteradas promessas de combate à violência, contrabando de diamantes, novos escândalos em todas as áreas, os mesmos peixes mortos às toneladas na lagoa Rodrigo de Freitas. Ficam sempre querendo achar quem é o culpado, mas é óbvio que os culpados são os peixes, ao insistirem em viver onde não lhes é servido. Sim, e também a epidemia de dengue, que pode ser municipal, estadual ou federal, conforme quem está dando entrevista. Nenhuma novidade de fato, a não ser as de sempre. O que me leva a concluir, depois destas férias, que nada mudou, para ovina tranquilidade nossa. Começamos o ano com o pé de sempre. Não sei se é o esquerdo, mas, a julgar pelo que vamos suportando há séculos, começamos o ano, depois deste Carnaval, com o pé direito. Já estamos acostumadinhos.

Zefa, chegou o inverno

Quando os long-plays eram alta novidade, lá em casa a gente tinha uma porção, porque meu pai sempre foi muito a favor do progresso, de maneira que não deixava passar nada e, ao chegar em casa com a novidade, ainda fazia uma conferência erudita sobre ela. Como uma, inesquecível, a respeito do liquidificador — novidade que, aliás, encarei com certa ambivalência, visto detestar banana e minha mãe ter passado a tacar vitamina de banana em toda criança que aparecesse na frente dela. Mas os long-plays não, os long-plays eram apreciadíssimos, notadamente se executados na electrola de gabinete de meu pai, Standard Electric, último tipo, apresentando diversas características sensacionais, tais como não precisar nem dar corda nem mudar a agulha toda hora — era agulha de safira, tocava mais de cem discos sem trocar, coisa adiantadíssima mesmo. Tínhamos, inclusive, o disco de demonstração que eu executava para as visitas e, depois que elas saíam, minha mãe reclamava comigo por ser o mais exibido da família.

As sessões eram variadas. Meu pai não distingue uma nota de outra, nunca cantou nem assoviou na vida, é absolutamente atonal, mas sempre fez questão de cultura musical na casa, de forma que a gente se reunia muito compostamente à frente da electrola e ele anunciava, tirando o long-play da capa:

— Schubert! Grande compositor. Sinfonia Inacabada. Bote aí que eu não sei mexer nessa estrovenga. Quem der um pio leva um tabefe.

A gente escutava com muita atenção, porque o velho nunca foi de prometer um tabefe sem dar o tabefe, o clima na casa era de grande harmonia. E também tínhamos sessões de música popular, algumas didáticas e com palestras — como o álbum de Noel Rosa gravado por Aracy de Almeida, ou discos franceses dos quais eu era obrigado a "tirar a letra". Isso me deixava nervoso, porque eu nunca tinha visto um francês na vida, mas meu pai me considerava perfeitamente equipado para morar em Paris, por causa de um livro chamado *Francês sem Mestre*, que trazia a pronúncia transcrita entre parênteses — aceiê-vu, levê-vu, qués-qui-cé? Dava para ler, mas a primeira vez que eu falei francês com um francês, ele pensou que era russo, até hoje tenho trauma disso. Bem, de qualquer forma, ele me chamava para a sessão de música francesa e o ritual era parecido, com a agravante da tirada da letra.

— Música francesa! Jean Sablon, Charles Trenet, Yvette Giraud, Edith Piaf, Patachou. Grandes cantores, grandes artistas. Silêncio aí. Bote Jean Sablon, aquela música que começa com o ditemuá. Você aí, pegue o lápis e tire a letra.

— *Dites-moi un mot gentil. Puisque je vous démande pardon. Oui je sais, je sais, chérie, que vous avez toujours raison* — cantava Jean Sablon, mas só hoje é que eu sei que é assim, porque, na época, eu entendia tudo, embora com grande sacrifício, mas não pescava o *un mot*. Nervosíssimo, quase desesperado, inventei uma solução para enrolar o velho. Rezei um Padre-Nosso para Nosso Senhor me ajudar naquele transe, e Ele me ajudou. Expliquei para o velho que, como tinha lido na revista *O Cruzeiro*, Jean Sablon estivera no Rio de Janeiro e tinha dito que gostava muito do Brasil, que a mulher brasileira era a mais elegante do mundo, que Santos Dumont tinha inventado o avião etc. etc. E, por conseguinte, numa homenagem a alguma carioca, ele havia feito aquela música: "Dites-moi, amor gentil" — com esse "amor" aí em português. O velho desconfiou um pouco, acabou conformado.

— É, pode ser — disse. — Esses franceses são muito safados, vai ver que Sablon traçou lá uma carioca daquelas de perna de fora.

— Ele fez o quê, pai?

— Cale essa boca, não se ouse, vá lá para dentro!

Finalmente, tínhamos também os recitais de poesia com Floriano Faissal, Sadi Cabral e outros, tudo nos long-plays. O mais popular era o de Jorge de Lima, declamado por Sadi Cabral, que tinha "Essa Nega Fulô", que me dava umas ideias, "O Acendedor de Lampiões", que deixava meu pai de ânimo filosófico, e o "Zefa-chegou-o-inverno, formigas de asas e tanajuras..." Era tão lindo esse inverno do poeta, que eu ficava chateado por estarmos no verão, queria participar daquelas coisas de tanajuras, cheiro de terra molhada, plantas brotando em toda parte.

Isto, naturalmente, antes de morar em Itaparica. Pois não é que me surpreendi, assim que roncou a primeira trovoada e o céu escureceu no meio da manhã, a recitar o Zefa-chegou-o-inverno?

— Zefa, chegou o inverno! — bradei, com os braços estendidos para as primeiras gotas.

— Que Zefa é essa aí? — veio perguntar minha mulher, que desconfia da minha veia poética.

— Nada, não — respondi. — Eis a chuva, a trovoada, o temporal, o invernão da ilha, que beleza...

— Na cozinha tem uma goteira com a mesma vazão que Paulo Afonso — disse ela.

Como de fato. Não só na cozinha como na sala, como no corredor, como nos quartos... Na verdade, só se salvou o banheiro, um baluarte da segurança da família, todos flageladinhos ali, coitados, com o seu chefe prometendo solenemente que, na primeira estiada, iria providenciar o conserto do telhado. Pusemos um guarda-chuva em cima da televisão, juntamo-nos no canto seco da sala, fomos esquecer as mágoas ali aconchegados, era uma bela cena de convívio familiar. Até que umas coisas começaram a se mexer debaixo do lençol com que tínhamos coberto as cabeças.

— Que é isso, que é isso? Ai!

— Formigas de asas e tanajuras — disse minha mulher desdenhosamente. — Como é o resto do poema?

Vejam o que é a natureza. Das cerca de 800 milhões de formigas de asas e tanajuras que a água gera ao tocar em qualquer coisa, 750 milhões resolveram fazer assembleia geral aqui em casa, o bulício de suas asinhas diáfanas a musicar os ares, o colorido de seu elegante esvoaçar enfeitando a paisagem doméstica, tanajuras e formigas de asas suficientes para aterrar o aterro do Flamengo.

— Acho que estamos diante de um caso claro de necessidade de evacuar a casa imediatamente — disse minha mulher, que é paulista e costuma reiterar que é a locomotiva que arrasta os três vagões (eu e os dois meninos, desnaturada).

— Deixe de ser besta, mulher, onde já se viu, uma chuvinha dessas! Umas formiguinhas bobas, que é isso?

Tive de repetir o "que é isso", porque as luzes se apagaram.

— Que é isso?

— Blecaute — disse ela. — Medida sensata. Estamos sofrendo um ataque aéreo. Você já viu *Os Pássaros*? Que tal "As Tanajuras"? As tanajuras se rebelam e...

— Mulher, procure não baixar o moral da casa! É dever da esposa...

— ... botar todo mundo para dormir na mesma cama no banheiro — completou ela. — Em frente!

Durante toda a noite, em intranquilo sono receando pela resistência do telhado do banheiro (que, por sinal, se houve galhardamente, é o melhor telhado de banheiro que já vi, faço um preço razoável, propostas aos cuidados deste jornal), mostrei àquela família de pouca fé como eram todos uns insensatos. Arturzinho Pedreiro, que já tinha feito o conserto do telhado quando ele quebrou por causa das pedras que os meninos jogavam na mangueira e garantido o conserto "pela vida toda" (me tomou vinte contos), iria cumprir a garantia, eu conhecia o povo da minha terra — um povo que já expulsou até os holandeses, um povo destes é graça?

Não, não é. Procurado nos cinco minutos em que não choveu na manhã seguinte, Arturzinho me deu um sorriso de desdém (aqui na ilha existe uma grande escola filosófica, fundada pelo meu primo Walter Ubaldo — a escola do Sorriso de Desdém, coisa de raízes fundas, vai até Diógenes — e quem nunca enfrentou um dos discípulos do Sorriso de Desdém não sabe o que é a dureza da vida) e explicou que todas as casas da ilha estavam assim, é o inverno brabo.

— Como "inverno brabo"? Eu fui criado naquela casa e nunca vi essa goteirada toda. No meu tempo...

— Isto foi no seu tempo — respondeu ele, me aplicando outro Sorriso de Desdém e me olhando como se eu tivesse nascido nos albores da Era Cenozoica. — Hoje em dia, porém...

Voltei para casa meio chateado com Arturzinho, procurando a solidariedade da família. Não a obtive, fui alvo de chacotas, chistes, dichotes, epítetos, verrinas, apostrofações e debiques. Decidi reagir. Encolhi-me no canto seco da sala, que por sinal está diminuindo bastante, empreguei a energia requerida pela situação.

— Quem der um pio aí leva um tabefe?

— Sefa, cegou o inverno — disse meu filho Bento, que ainda não fez três anos. — O que é tabefe?

A harmonia familiar — *o tempora, o mores!* — já não é como a de antigamente.

— Será que ninguém pode passar aí o guarda-chuva um instantinho? — disse eu.

Dialogando com o público leitor

— Boa tarde, o senhor me desculpe eu estar interrompendo sua leitura, mas é só um minutinho.
— Ah, pois não.
— É o seguinte, não é o senhor que é o escritor? O menino ali me disse que o senhor é o escritor.
— Bem, não sei se sou o escritor. Mas sou um escritor, sou, sim.
— Madalena, venha cá, é ele! Madalena! Chame Rosalvo e os meninos, é ele!
— O que foi que houve?
— Madalena é minha esposa, ela estava com vergonha de perguntar se era o senhor mesmo o escritor. Ela me disse que já tinha ouvido muito falar no senhor. E Rosalvo é meu cunhado, que conhece sua obra, é gente boa.
— Sim, eu...
— Não vou interromper nada, pode ficar descansado, o senhor pode continuar com sua leitura.

— Eu...

— Madalena, é ele mesmo! Você tinha razão, é ele. É boa gente, você sabe? Estamos aqui numa prosa ótima, ele é a simplicidade em pessoa. Olha aí, Rosalvo, é ele. Pode sentar, rapaz, ele não morde, ha-ha!

— Muito prazer, dá licença.

— Eu...

— Meu nome é Rosalvo Luiz da Anunciação Pereira, mas eu costumo assinar apenas Anunciação Pereira.

— Ah, sim, interessante.

— Admiro muito sua obra, *O Sargento de Milícias*.

— Mas não fui eu quem escreveu esse, foi outro. Bem que podia ter sido eu, mas não fui eu.

— Ah, então o senhor não é autor do *Sargento*?

— Sou, mas de outro sargento, o sargento Getúlio.

— Ah, mas é claro, que besteira minha. *O Sargento de Milícias* é de Lima Duarte, não é?

— Lima Duarte? O sargento...

— Sim, Lima Duarte, do Policarpo Quaresma, grande autor, para mim maior do que Machado de Assis.

— Lima Barreto.

— Sim, claro, claro, Lima Barreto, eu sempre confundo, Lima Duarte é outro.

— E não foi Lima Barreto quem escreveu *O Sargento de Milícias*.

— E quem foi?

— Manoel Ant... Deixa pra lá, tudo bem, Seu Rosalvo.

— Pelo amor de Deus, nada de formalidades, que é isso de "Seu Rosalvo", os amigos a gente trata pelo nome.

— Muito obrigado, gentileza sua.

— Que é isso que você está bebendo aí, posso dar uma cheiradinha? Ah, isso é caju! De hoje que eu não tomo uma batida de caju, vou pedir uma também enquanto a gente conversa, é coisa pouca, não vou tomar seu tempo, eu sei que você é um homem ocupado e precisa ler o jornal para estar por dentro do que acontece, o escritor tem de estar informado.

— Pois é, eu...

— Madalena, peça uma batida de caju aí no boteco e traga uns acarajés, uns abarás, uns tira-gostos, umas coisinhas. Quem bebe tem que comer, não é não?

— É, mas eu, pessoalmente, quando estou bebendo...

— Não vou tomar seu tempo, vou direto ao assunto. Eu também sou escritor.

— Ah, que bom, eu...

— Mas até hoje só publiquei um livro, que eu mesmo custeei, um livro de poemas em prosa e mais alguns escritos que eu reuni. Se eu soubesse que ia lhe encontrar aqui, eu lhe trazia um exemplar. Chama-se *Retalhos de Mim*. Não quero ser imodesto, mas muita gente boa... Não sei se você conhece o professor Martinho Lobo, conhece o professor Martinho Lobo?

— Não, infelizmente não, eu...

— Não conhece Martinho Lobo, da Academia de Odontólogos Escritores, que foi muitos anos professor de português no Central?

— Não, infelizmente...

— Bem, eu vou lhe mandar a cópia de um artigo que Martinho Lobo escreveu na *Gazeta de Ipiaú* a respeito desse livro meu, você vai ver que comentário interessante, ele foi muito feliz nas observações dele.

— Sim, mas eu...

— Ah, chegou o acarajé! O acarajé dessa baiana é uma beleza, é um dos melhores que eu já provei.

— Eu sei, eu conheço essa baiana desde menino.

— Ah, sim, claro. Com pimenta ou sem pimenta?

— Não, obrigado, eu detesto comer quando estou bebendo. Aliás, eu...

— Abará então? Hum, esse abará...

— Eu...

— Vou direto ao assunto, não quero tomar seu tempo. Para onde é que eu posso mandar uns originais que eu queria que você lesse? São 29 peças curtas, que eu prefiro não rotular, são pedaços de minha vida, de minha sensibilidade. Alguns você poderia chamar de contos. Não sei se você conhece aquela frase de Edgard de Andrade que diz que o conto é tudo aquilo que se chama de conto, conhece essa frase?

— Eu...

— Pois é, mas eu não quis chamar de contos, preferi não dar nome, chega de rótulos, de fórmulas, de coisas preestabelecidas, precisamos inovar a literatura, você não acha? Agora, se depois que você ler você achar que eu devo dizer que são contos, você é que sabe, você é que vai fazer o prefácio, não sou eu.

— Eu vou fazer o prefácio?

— Eu já tinha dito a Madalena e a Walter Augusto, Walter Augusto é meu cunhado, casado aqui com Madalena: eu vou lá conversar com ele e vou ser logo sincero, vou botar as cartas na mesa. Se eu quero o prefácio, pra que ficar enrolando, é ou não é? Madalena, me dê a caneta aí, para eu tomar nota do endereço dele para mandar os originais. Eu moro aqui na Bahia mesmo, isso chega rápido pelo correio, amanhã mesmo eu mando, deve estar aqui dois ou três dias depois, quer dizer, dá para esse prefácio estar pronto daqui para o outro domingo. Mas você não precisa ter o trabalho de me mandar o prefácio e me devolver os originais, eu mesmo venho aqui pegar tudo no próximo fim de semana e assim a gente aproveita para bater outro papo, depois que discutir o prefácio.

— Discutir o prefácio? Eu...

— Agora está na hora de uma cervejinha. Dê cá seu copo aí, que eu vou mandar lavar, que agora a gente vai numa lourinha estupidamente gelada que eu...

— Olhe aqui, meu amigo, eu não vou fazer prefácio nenhum, não quero discutir nada com o senhor, não suporto mesa atulhada de caranguejo, folha de banana, farelo de acarajé, resto de vatapá e essa tralha toda aí e, mais do que tudo, não quero nem vou tomar cerveja nenhuma, largue meu copo aí, por favor.

— Mas minha intenção...

— O senhor vai me dar licença, eu vou embora.

— E o endereço?

— Que endereço, rapaz, eu vou lá lhe dar endereço nenhum?

— É isso que acontece, Madalena, o sujeito tem um sucessozinho, vira medalhão e aí pisa nos outros! Pode ir, pode ir, eu saberei vencer sozinho! Você já viu que indelicadeza, Madalena, ele age como se tivesse o rei na barriga, não sei o que ele está pensando que é, ainda se fosse um escritor importante mesmo, agora um cara desses que ninguém sabe quem é e...

A formação do jovem

Não que tenha sido a primeira conversa de homem para homem que tive com meu filho Bentão, mas acho que, desta última vez, fui ainda menos homem que ele do que da outra vez. A primeira vez foi na praia e, vergonhosamente, saí pela tangente, alegando a comissão de erros de português por parte dele, embora, é claro, ele fosse analfabeto na ocasião (ainda é, mas agora tem carteira de estudante). Nós estávamos dentro d'água e ele quis saber se podia me fazer uma pergunta. Claro que sim, respondi, com minha melhor cara de pai companheiro, aprendida nos filmes americanos.

— É uma pergunta difícil — disse ele.

— Qualquer pergunta para seu pai é difícil, ha-ha. Pode perguntar.

— Você dá beijo de novela em minha mãe, não dá?

— Eu o quê? Beijo de novela? Sim, beijo de novela. Bem, acho que sim, beijo de novela, claro, sim, acho que sim, de vez em quando eu dou uns beijos de novela nela. Vamos pegar siri?

— E você sente uma coisa?

— Sente uma coisa, como? Sente uma coisa? E... Não, é só um beijinho de novela, todo marido dá beijo de novela na mulher. Olhe ali, pegue aquele pedaço de pau, hoje está dando siri, vamos lá!

— Você sente um arrupeio?

— Hein? Um arrupeio?

— Eu vi um homem na televisão dando um beijo de novela na mulher e eles dois gemeram e ele deu um arrupeio. Quando você beija minha mãe, você geme e tem um arrupeio?

— Um arrup... Bem... Olha lá o siri, pegue o pau, olha lá o siri!

— Você sente um arrupeio, assim como o homem da televisão, assim, hrrrrrr?

— A palavra certa não é arrupeio! Arrupeio está errado, o certo é arrepio, arrepio, ouviu bem? Você...

— Você só diz arrupeio.

— Eu... Sim, eu digo arrupeio porque sou meio tabaréu sergipano, aprendi isso em Muribeca. Mas você nunca esteve em Muribeca e é no máximo tabaréu português, portanto tem que dizer arrepio e não arrupeio. Arrupeio é errado, ouviu bem? Aliás, o senhor já fez o dever de casa? Eu vou falar com sua professora e mostrar a ela que o senhor só sabe o B, o C e o H, assim mesmo com o nome de "escadinha", e conta um-dois-quatro-nove-oito-dez, o senhor ouviu bem?

— Olha ali o siri, pai, pegue o pau, olhe o siri!

Mas não tinha siri nenhum por perto quando eu estava na sala, lendo o jornal, e minha mulher apareceu na companhia dele, que vinha com uma cara meio intrigada.

— Pronto — disse ela. — Converse aí com seu pai.

— Converse com o seu pai o quê? — disse eu, que ainda não tinha me recuperado do arrupeio.

— Ele precisa ter uma conversa de homem para homem com você.

— Conversa de homem para homem? Ele disse isso?

— Não, não disse. Eu é que achei que era conversa de homem para homem. Pai é pai. Bem, com licença, que eu tenho de ir lá dentro tratar o peixe.

— Tratar o peixe? Você, tratando peixe? Mentirosa! Você já ameaçou fugir de casa, se tivesse que tratar peixe! Não existe essa conversa de homem para homem! Volte aqui! Mulher machista! Não me deixe sozinho aqui! Machista!

— Está bem, se você quiser eu fico.

— Não, tudo bem, besteira minha, eu compreendo essas coisas, besteira minha. Eu posso perfeitamente conversar com meu filho.

— Então tudo bem, eu vou lá para dentro.

— Está bem. Espere aí, só um instantinho. O que é que ele quer conversar?

— Ele quer saber o que é camisinha.

— Hein? O que é... Pra que é que ele quer saber o que é camisinha? Que ideia é essa? Volte aqui! Mulher machista, volte aqui! Se você me deixar sozinho aqui, é o divórcio, entendeu, é o tudo acabado entre nós hoje de madrugada! Fique aqui! Que cara é essa, por que este olhar fixo em mim?

— Eu estou esperando que você dê a explicação.

— Camisinha... Por que é que você quer saber o que é camisinha, Bentão?

— Eu vi na televisão. O homem disse que todo mundo deve usar a camisinha para não ficar doente no hospital. Você usa camisinha?

— Eu... Mulher!

— Você disse que podia perfeitamente conversar com seu filho.

— Sim, claro. Mas você podia ajudar, você bem que podia!

— Você me dá uma camisinha sua, pai? Se eu não usar a camisinha, eu também fico doente no hospital?

Contos e crônicas para ler na escola 67

— Bem, a camisinha... Mulher, como é que eu faço?
— Se eu soubesse, eu fazia.
— Bem, meu filho, a camisinha... Vamos fazer o seguinte, depois eu explico, está bem? É um pouco complicado, eu vou pensar num jeito de explicar, está bem?
— Está. Mas você promete que usa a camisinha para não ficar doente no hospital? Eu não quero que você fique doente no hospital.
— Prom... Depois eu explico, depois eu explico, filho, está bem?
— Está. Essa televisão daqui passa no Rio de Janeiro?
— Mais ou menos. Quase tudo.
— Então pode não passar o aviso da camisinha e então eu vou telefonar para meu avô para ele usar a camisinha para não ficar doente no hospital.
— Telefonar para seu avô? Não, não precisa, o aviso passa lá, pode ter certeza. Eu explico depois, está bem? Depois.

Depois esse que ainda não chegou. Discuti a questão metodológica com a mulher. Para explicar a camisinha, tem de explicar tudo, não adianta enrolar. Como é, vamos comprar uns livrinhos desses em que a abelhinha voa de florzinha em florzinha, o galo pula em cima da galinha e o nenenzinho fica na barriguinha da mãezinha? Vamos ler uns livros de psicologia infantil e pirar de vez? Não, livro de psicologia infantil, não, jamais. Sabem do que mais? Vai ficar tudo por isso mesmo, não vou explicar coisa nenhuma.

— Mulher — disse eu, com sotaque sergipano que emprego nessas situações de liderança familiar —, já resolvi o que vou fazer. Não vou fazer é nada, isso é tudo encucação nossa, daqui a pouco ele esquece isso, não vai ter problema nenhum. A mim nunca ninguém ensinou nada, sabia? Nunca ninguém ensinou nada, entendeu?

— Eu sei, querido — disse ela.

Beijinho, beijinho

Quando eu era rapazinho (sei que não parece, mas já fui rapazinho; fui até neném, vejam vocês — pelo menos é o que me garantem os mais velhos), não tinha esse negócio de beijinho para cumprimentar amigas ou mesmo para celebrar apresentações, como acontece hoje em dia. Em Portugal, por exemplo, quando sou apresentado a uma dama, vêm logo os dois beijinhos, no caso habitualmente dados no ar e encostando as bochechas e, no Brasil, isto está ficando cada vez mais frequente. Quem queria beijar a dama tinha de resignar-se, mesmo que a dama estivesse querendo outra coisa, a um beijo na mão, também comumente dado sem se encostarem os lábios na dita mão. Beijo na cara era porrada certa, fosse da dama ou de seu cavalheiro, ou de ambos.

O tempora, o mores! Hoje todo mundo se beijoca, inclusive homens. Já de muito me resignei a tomar beijos de homens, embora estritamente limitados ao rosto. Quem é careca, então, dificilmente escapa da mesa de fim de semana num boteco sem tomar beijo na careca. Minha careca é beijadíssima, sou forçado a reconhecer. E também, neste ensaio preparatório para uma sociologia do beijinho, devo reconhecer que fui um pioneiro em matéria de beijo na careca.

Vivia eu em Iowa, como uma espécie de escritor-residente da Universidade de Iowa, já lá se vão mais de trint'anos, quando, uma bela noite, saí na companhia dos também escritores Bogomil Gjuzel, macedônio, e Petroff, russo (esqueci o primeiro nome do Petroff, Freud deve explicar), para celebrar o dia de São Patrício, quando muitas tavernas e bares oferecem chope verde — isso mesmo, chope a que se adiciona uma anilina inodora e insípida, para que ele adquira a cor representativa da Irlanda, cujo padroeiro é São Patrício. Já bebi coisas piores e não tive muito problema com o chope verde. Tive, sim, problemas com as consequências sociais de sua ingestão.

Lá pelo meio da noite, Petroff, que usava vasta barba e bigodeira, onde, por descuido, muitas vezes se alojavam pedacinhos de cebola, pão, salaminho, azeitonas e vitualhas diversas, deu um olhar afetuoso para Bogomil, ergueu sua tulipa e começou uma ladainha meio cantada, que transcrevo aqui, não em russo, pois jamais soube nada de russo, mas mais ou menos do jeito que ouvi.

— Atchs próvnia, shpatítenie, bodovgogna, fulvorraschnik! — entoou Petroff em direção a Bogomil, cujo olhar de pavor e tentativa de fuga só vim a perceber depois da tragédia. — Spritótzni, valfrúchtknie!

E aí, depois de mais umas duas palavras, Petroff marchou para Bogomil e tacou-lhe um tremendo beijo, não beijinho, mas desses tipo desentupidor de pia mesmo, um espetáculo dantesco, Petroff segurando Bogomil com uma gravata bem aplicada e indo-lhe às fuças com irresistível vigor soviético, enquanto a vítima se debatia, sem poder resistir àquele ímpeto de amizade fraterna que se apoderara do russo. Bogomil finalmente conseguiu desvencilhar-se e começou a xingar Petroff. "Roossians, Roossians, I hate ze Roossians!", bradava ele, indo lá dentro lavar a boca, para passar o resto da noite bochechando com conhaque. Petroff lançou-lhe um olhar entre surpreso e condescendente, me explicou que beijo na boca, na Rússia, era coisa de macho e aí olhou fixamente para mim, levantou a tulipa e começou:

— Atchs, próvnia! — principiou ele, me fitando de olhos rútilos, e eu, que além de haver presenciado o ataque a Bogomil, tinha visto jogadores de futebol russos fazerem um gol e correrem para os companheiros já de biquinho pronto, me preveni. Quando ele veio de lá me tacar o beijão, mais que depressa baixei a cabeça e ofereci a careca (desse dia em diante, nunca mais fiquei chateado por ser careca). Ele deve ter achado aquilo ótimo, porque me beijou ardentemente a careca, babou-a toda e continuou felicíssimo. Eu só precisei de uns dois guardanapos e não tive de recorrer a bochechos de conhaque, como Bogomil. Vivendo e aprendendo. Passo a vocês, leitores do sexo masculino (simples mulheres não correm esse perigo, exceto se forem machas), de bom grado, estas informações. Quando um russo levantar o copo em sua direção e começar a russear, usem a careca, ou, se não a tiverem, a cabeça mesmo: dá um pouco de trabalho, certamente, mas é melhor que o chupão petroffiano, pelo menos segundo meu ponto de vista.

Contudo, a sociologia do beijo merece uma abordagem bem mais abrangente e empiricamente testada. As mudanças ocorrem a cada instante. Beijo na boca de gente do mesmo sexo, suspeito eu, é chique. Sorte minha, que nunca fiz questão de ser chique. Beijos na boca de filhos e filhas também, razão por que sou igualmente grato por não desejar ser chique. Mas as mudanças geográficas do beijismo estão a exigir um estudo aprofundado. Por exemplo, no Rio e na Bahia são dois beijos. Já em São Paulo, não faz muito tempo, a norma eram três. Agora é somente um, talvez coisa do FMI. E na boca, ai meu Deus, como tenho sofrido. Não estou seguro, mas acho que já surpreendi maridos meio ofendidos porque não beijo (bitoquinha, claro) as mulheres deles na boca.

E não sou somente eu quem carrega essas graves preocupações. Fico pensando na próxima campanha presidencial e tenho certeza de que Duda Mendonça (que foi meu aluno, veja você; se não tivesse sido, jamais chegaria aonde chegou, é claro) e Nizan Guanaes, os dois marqueteiros eleitorais mais reputados, segundo depreendo do que leio nas folhas, já devem ter em mãos as últimas pesquisas sobre as práticas e costumes beijocais. Se não têm, tomo a liberdade de sugerir que as providenciem. Por exemplo, encontrei, recentemente, pela primeira vez em pessoa, a governadora Roseana Sarney, em companhia de seu pai. Quanto ao pai, não houve problema, graças a Deus, nenhuma tentativa de beijoca — creio que, neste ponto, partilhamos das mesmas convicções ideológicas. Mas, quanto a ela, depois do aperto de mão de apresentação, ficamos bamboleando os pescoços: beijoca ou não beijoca? Acabamos nos beijocando no ar, modelo bochecha com bochecha. Mas senti que, como candidata, ela precisa de mais know-how, todos precisam. Imaginem se o Serra encontrar o Petroff, Deus tenha piedade dele.

A cara errada

Mesmo quem nunca encontrou problemas por ter a cara errada talvez se veja comiserado pelos sucessos que ora passo a narrar. Eu tenho a cara errada e já me resignei ao destino ao qual por ela sou condenado, esperando apenas conseguir que minha experiência se revele útil a algum eventual leitor, que talvez até padeça de problema análogo sem saber. Evidentemente, meu primeiro problema é não ter cara de escritor e, muitíssimo menos, de intelectual — esta última nem pensar. Cara de escritor é, por exemplo, a cara de José de Alencar, que morreu menos velho do que hoje sou, mas sempre ostentou uma venerável cara de escritor. Assim como ele, vários escritores contemporâneos meus, creio mesmo que a maior parte, têm a cara certa. No máximo, posso ser acatado como um ex-zagueirão reserva do Olaria dos velhos tempos ou um coroa exibido, que não tem pejo de curtir sua aposentadoria como auxiliar de escrivão de um cartório hoje extinto, pegando umas merrecas do INSS e bebendo cerveja junto a similares, no carteado da pracinha em frente ao boteco. Certa feita, em Salvador, eu era esperado para fazer uma conferência, compareci e fui barrado. Fiquei esperando na porta, até que o professor que dirigia os trabalhos achou que eu não ia aparecer e começou a pedir desculpas à plateia apinhada e aí eu gritei de fora que não tinha faltado ao compromisso, tinha simplesmente sido barrado pela moça que controlava a entrada e, depois que eu disse que não portava o cartão que me daria direito a ingressar, me endereçara um sorriso de desdém, ao me ouvir dizer que o conferencista era eu.

Não os entupirei de episódios tediosos, mas dou alguns, à guisa de ilustração. Na Alemanha, tenho cara de turco. Na França, tenho cara de argelino mestiçado. Nos Estados Unidos, tenho todas as caras possíveis — turco, árabe, cucaracha, crioulo disfarçado ou hispano, termo este aplicado a todos os de fala latina que não francês, italiano ou línguas igualmente nobres. Nem cara de português, minha verdadeira ascendência, eu tenho, como me comprovaram dezenas de vezes, de tascas a táxis, em paragens lusitanas. Adicione-se a isso a circunstância de que, mesmo envergando um terno feito sob medida por um alfaiate inglês, coisa, aliás, que nunca fiz, não só porque não tenho dinheiro para pagar nem o alfaiate do Olaria dos bons tempos, quanto mais inglês, como porque nunca fui um exemplo de elegância e assumo a aparência andrajosa que me acompanha, qual maldição de fada má ao berço, desde que me entendo, cinco minutos depois de vestir a melhor roupa possível.

Na semana que ontem se findou, andei, seguindo minha inelutável sina, eis que detesto viajar e vivo viajando, pelos Estados Unidos, a cuja capital fui convidado pelo Kennedy Center, em Washington, para uma irrecusável homenagem ao meu absolutamente insubstituível amigo Jorge Amado, que me fará falta até o dia em que eu mesmo for embora. Não posso, sem mentir ou exagerar, alegar que fui vítima de maus-tratos, a não ser, levemente, no Antônio Carlos Jobim, por uma funcionária brasileira da companhia americana que me transportou e que acreditava ser americana e ter cara de irmã de Michael Jordan — ela que vá lá e encare essa, para ver o que é bom para a tosse.

Mas recebi todo o tratamento a que minha cara dá direito. Meu consolo é que, agora de volta ao Leblon, é que me sinto — como direi? — meio desinfetado. Viajei via Atlanta, de onde faria transbordo para Washington e, apesar de minha bagagem haver sido despachada diretamente para meu porto de chegada, tive que retirá-la, para, depois de nova inspeção, redespachá-la a Washington. Estava esperando, diante daquela esteira rolante onde a mala da gente é sempre a última a aparecer, quando um jovem surgiu diante de mim levando um cachorrinho beagle pela coleira, me pediu gentilmente que me afastasse um pouco dos outros passageiros e falou com ele:

— Cheire, Snoopy, cheire!

Um pouco desacostumado a ser cheirado tão flagrantemente, ainda mais da forma pouco elegante com que Snoopy o fazia, fiquei um pouco sem graça e com medo de que ele discordasse de meu desodorante, mas não houve nada de mais assustador além do tempo eletrizante que o adorável cãozinho levou cheirando minha sacola e partes de meu corpo que prefiro esquecer, após o que se afastou desdenhosamente, me deixando aliviado, mas um tanto ofendido pelo desprezo com que avaliou meus cheiros e partiu para cheirar mais uns terceiro-mundistas que se encontravam nas vizinhanças.

Inspecionado e interrogado aqui no Brasil, devidamente cheirado por Snoopy e passado por diversas barreiras, achei que já estava livre de novas suspeitas, mas a cara me traiu novamente. Enquanto eu esperava na fila para entregar meu cartão de embarque Atlanta/Washington, um senhor uniformizado dirigiu um olhar avaliador à dita fila, olhou para mim e me solicitou gentilmente que fosse até um canto, não propriamente reservado, onde me obrigou, sempre muito cortesmente, a praticamente ficar de cueca. Não, exagero meu, não chegou a isso, mas me ordenou que revirasse todos os bolsos, pusesse tudo em cima de uma mesa, na qual meu chaveiro recebeu mais atenção do que em sua vida toda, tirasse os sapatos, também vigorosamente inspecionados e mostrasse a carteira, gloriosamente recheada de reais. As posturas em que fui obrigado a ficar, com as mãos para o alto e o traseiro para cima, não foram as mais dignificantes em que já me vi, mas mantive a dignidade e procurei não envergonhar a Bahia. É difícil manter a dignidade com os braços levantados e a bunda empinada e apalpada, mas creio que me saí bem. E, assim, num voo em que, quando o avião chegou a menos de 30 minutos de Washington, ninguém podia se levantar nem para fazer xixi, cheguei triunfalmente à capital do nosso Grande Irmão do Norte, na qual tampouco envergonhei nem a Bahia nem vocês, numa mesa-redonda (aliás, painel, que é como se diz modernamente) da qual Sônia Braga fazia parte e me deu diversos beijos na bochecha. Pois é: vocês podem nunca ter sido cheirados por Snoopy nem ter tido a bunda apalpada em público sem sapatos, mas em compensação ninguém aí tomou beijinhos da Sônia Braga na bochecha, estão pensando o quê?

Viajar, viajar

Estou em Paris e sou um fenômeno. Pagaram minha passagem, deram-me ajuda de custos e aqui estou eu. Direis vós: que há de tão fenomenal nisso? Afinal, alguns brasileiros, talvez em número bem maior do que estimamos, já estiveram ou estarão em Paris. Verdade, verdade, mas meu caso é raro, pois que sou o único que se queixa de viajar a uma cidade sem rival e, com perdão da má palavra, imperdível, ainda por cima sem gastar praticamente nada do parco dinheirinho que ganho escrevendo coisas sem as quais o mundo permaneceria tal e qual. Verdade, verdade, mas encaro minhas viagens como uma sina, porque detesto viajar e cada vez detesto mais. Conto-vos por quê, na esperança de encontrar alguma compreensão.

  Viajar dá trabalho, em primeiro lugar. Não sei, e não por falta de empenho, Deus é testemunha, fazer malas. Por alguma razão que escapa a meu entendimento, tudo o que já foi posto com folga na mala, por minha heroica consorte, sobra na hora de voltar. Diríeis vós: "Ah, o safardana passa o tempo nas lojas, se entope de compras e aí não vê jeito de encontrar lugar na mala para botar tudo." Ledo engano, eu não compro nada, fujo de lojas e, atentai para o que vos chamo a atenção, sou do tempo em que Nova York era uma viagem na qual as senhoras elegantes usavam chapéu, não era coisa para qualquer um. Hoje, Nova York talvez seja mais fácil de alcançar do que a Barra da Tijuca, nos horários de pique. E pensando bem, quem vai à Barra não precisa de Nova York: está tudo lá, inclusive em inglês, língua hoje pouco falada na Nova York propriamente dita.

Mas o que acontece comigo e as malas é um mistério. Rotineiramente, as roupas se duplicam, os bagulhos e remédios que todo coroa e paranoico, categorias em que me encaixo belamente, carrega consigo se transformam num mar de caixas e embalagens, camisas e afins assumem proporções extraordinárias e vários problemas correlatos me afligem. Enfim, para vos confessar a mais pura verdade, eu levo uma sacola extra em qualquer viagem ao exterior. Ela vai vazia dentro da mala principal e, empanturrada, se torna indispensável na volta. Devo reconhecer que, em meu favor, depõe o fato de sempre me darem livros, com dedicatórias, que não tenho coragem de jogar na cesta, e até me deram, numa vez em que estive na feira de Arles, na Provence, dois salames — não sei se estavam querendo me dizer alguma coisa não tão sutil.

E tem o problema da viagem de avião, agora sem poder fumar e com uma comida que provocaria tumultos e apedrejamentos em qualquer bandejão do planeta. Classe econômica, turística, ou outro eufemismo para o que as equipes de bordo chamam de "galpão", é um horror que Dante não pôde incluir em seu inferno (se já houvesse aviões naquele tempo, ele botaria algum desafeto nela), notadamente quando um grupo em excursão começa a tocar violões e pandeiros, geralmente, não sei bem por quê, cantando o "Trem das onze". Para não falar no fato de que as poltronas, nome artístico aplicado a cadeiras claustrofobilizantes, não deixam espaço nem para um anão ("verticalmente prejudicado", perdão; de vez em quando esqueço de ser politicamente correto, perdão, perdão) sentar. Imagino que alguns nórdicos altões já se submeteram a amputações voluntárias, no aeroporto mesmo, antes de embarcarem em certas classes econômicas.

    E tem o problema da cara errada. Minha cara é sempre errada. Os únicos lugares em que eu não tenho, acho eu, a cara errada são Itaparica, Aracaju, uns dois bairros ou favelas de São Paulo e aqui o Leblon mesmo. Nos Estados Unidos, tenho cara de cucaracha. Na Alemanha, tenho cara de turco. Na França, tenho cara de árabe. Em Milão, tenho cara de calabrês. Em Buenos Aires, tenho cara de brasileiro. E, no meu passaporte, tenho cara de contrabandista de maconha paraguaio. Acrescense a isto o fato de que, mesmo vestido com um terno caro, transformo-o imediatamente em andrajos, tal a minha elegância inata. Quem não passou pelo que eu já passei, por problemas de cara errada, não faz ideia do doloroso transe que isso constitui. E, pior ainda, consigo me dar bem em inglês, língua desconhecida em Miami e Manhattan, mas meu francês seria considerado de baixo nível numa escola para débeis mentais até os oito anos de idade (depois eu seria internado, francês não dá moleza para ninguém), ainda mais alguém com a minha cara.

    Mas, assim mesmo, viajo. É sina, carma, já me conformei. Conheci Nova York, na época via Belém, Trinidad e Porto Rico, antes de conhecer o Rio e São Paulo. Estou aqui em Paris, caros amigos. Vou dar uma rezadinha na Notre Dame, vou passear no Quartier Latin e vou até entrar, pela terceira vez, na fila do Museu do Louvre. Isso se conseguir sobreviver ao trauma de carregar o laptop, que fica dez quilos mais pesado a cada quilômetro — estimativa modesta para o que nos obrigam a caminhar por minuto em aeroportos, inclusive o Tom Jobim. Sim, e desta vez a Alfândega não me pegou, o que, aliás, não me surpreendeu muito, porque a Alfândega só costuma me pegar feio em Portugal, de cujos aeroportos já quis até dar uma escapuladazinha para ver se conseguia comprar um baseado e assim fazer a felicidade do fiscal que não acreditava em minha condição de escritor e, com a cara muito sabida (foi no Porto, não em Lisboa, manda a honestidade que eu faça a ressalva), contestou-a, dizendo que na minha mala não havia livros.

— Mas eu não sou livreiro — disse eu. — Sou somente escritor.

— Pois sim — respondeu ele, enquanto apalpava, com cara de quem gostaria de usar uma gilete, o único paletó em minha mala e até hoje deve estar convicto de que foi vítima de alguma astúcia brasileira desconhecida. Enfim, eis-me em Paris. Prometo que, na minha rezadinha em Notre Dame, dou carona a todos vós. Mal não há de trazer-vos.

Aventuras naturais

Uma vez o cineasta Geraldo Sarno, que é muito natural embora não pareça, me levou para almoçar num restaurante natural e saí de lá deprimido, levei dois dias para me recuperar. Quanto a ele, garantiu-me que adorava aquilo tudo, apesar de comer com o mesmo ar funéreo dos demais presentes. Pior do que essa experiência acabrunhante, só a que tive num restaurante macrobiótico de Salvador, ao qual concordei que me levassem num momento de insensatez e que me deixou abaladíssimo — aqueles mastigadores obstinados, aquela aura de expiação de pecados através de penitências alimentares, aquela atmosfera pálida e astênica.

Desconfiado, diria mesmo que intimidado, perguntei se não havia qualquer coisinha para beber e responderam que havia, claro que havia. Maravilhoso, que podia ser, então?

Dependia da minha preferência. Ah, sim, nesse caso, que sugeriam? Com revoltante cinismo, o falso amigo que me levou a esse lugar desfiou um rosário horripilante de possibilidades, a começar por suco de espinafre (que nunca vi, mas considero imoral por definição) e terminando por suco de beldroega, que não sei o que é mas tampouco soa como algo decente. Perguntei se não havia água, então, uma aguinha mineral. Mineral não, responderam com desdém, temos água descansada.

— Água descansada? Descansada?

— Sim, água descansada.

— E essa água descansada é diferente da água comum? Quer dizer que normalmente bebo água cansada? Isso é mau?

— De certa maneira, você bebe água cansada, sim, pode-se dizer isso. Água misturada com aditivos nocivos, talvez poluída, esterilizada através de meios violentos e antinaturais como a filtragem e a fervura.

— A daqui não é filtrada nem fervida?

— Claro que não. É água natural, de uma fonte límpida, que deixamos decantando em vasos de cerâmica especial. Descansando, portanto.

— Fantástica água. Será que eu posso beber um copo d'água geladinha?

— Geladinha não temos.

— Por quê? Gelar cansa a água?

— Não é natural beber água gelada, é outra violência que se comete contra o organismo. Além disso, o senhor não devia beber água às refeições, não é bom, talvez um chá, temos chás excelentes.

— De beldroega?

— Se o senhor quiser. Mas temos de tuia, de...

— Não, não, esqueça, tudo bem, eu espero a comida.

Não sei por que resolvi esperar, devia ter fugido antes, inclusive porque, de outra ponta da sala, como um espectro ossudo, aparece um outro amigo meu, que por sinal não reconheci na mesma hora. Macilento, de uma cor parda indefinida, gestos fluidos, voz aflautada, cumprimentou-me festivamente. Que alegria eu lhe dava, aparecendo ali, vendo finalmente o caminho da saúde, da felicidade e da paz de espírito.

— Nunca tive tanta saúde — disse, com um sorriso de múmia.

— Você não está me achando bem?

— Hein? Sim, muito bem, está muito bem mesmo.

— Pois é — disse ele, os olhos muito protuberantes no rosto escaveirado. — Sinto-me uns 10 a 15 anos mais moço.

"Embora pareça uns 40 mais velho", pensei eu, mas não disse, até porque estava chegando a comida. Ao contrário do que acontece quando a comida chega em circunstâncias normais, ninguém esfregou as mãos, lambeu os beiços, sorriu ou lançou um olhar satisfeito sobre os pratos. Ao contrário, criou-se um clima contido e grave, piorado no meu caso pela dor nas costas que me dá sentar em almofadas no chão, o que também me deixa sem saber o que fazer com as pernas. Mas, de fato, a comida não mereceria outro tipo de recepção que não aquele velório.

— Que é isto aqui? — perguntei a um dos amigos, apontando uma massa de cor repelente e consistência suspeita.

— Isto é arroz, arroz integral. Receita da casa, os donos são gênios culinários.

— Com certeza, conseguem vender esse negócio e o pessoal ainda paga e agradece.

— Hein?

— Nada, não. Arroz, hein? Quem diria, assim à primeira vista eu pensei que era papa de alpiste com goma arábica.

— Ha-ha, mas é arroz. É uma delícia, experimente.

— Está certo. Acontecendo alguma coisa, avise à família.

— Hein, que tal? Hein? Não! Não!

— Não o quê? O que foi, eu estou pálido? Estou roxo?

— Não é isso, você não mastigou.

— Mastiguei, sim. Não havia muito o que mastigar, mas mastiguei.

— Nada disso, você tem de mastigar pelo menos cinquenta vezes.

— Cinquenta vezes? É por isso que ninguém fala aqui, todo mundo contando as mastigadas?

— Não é preciso que sejam rigorosamente cinquenta mastigadas. Mas essa é a média para que você consiga liquidificar a comida na boca.

— Se é assim, então por que não passam tudo logo no liquidificador?

— Não, tem de ser feito na boca. Deve-se mastigar até a água.

— Cinquenta vezes cada gole?

— Mais ou menos.

Na saída, com os maxilares destroncados e a sensação de que tinha comido vento moído, refugiei-me imediatamente num boteco da esquina, comi um sanduíche de pernil e jurei romper relações com o primeiro que me levasse à macrobiótica ou à naturalidade ou a qualquer coisa correlata. Mas o destino é irônico. Não é que minha filha Chica, que recentemente colheu a primeira flor no jardim de sua existência, com 13 quilos e físico de lutador de sumô, é metida a natural? Com essa idade, vejam vocês, já é toda natural, não come carne, toda cheia de novidades. Altas preocupações na família, grandes leituras do Dr. Spock e do Dr. Delamare, essa menina precisa comer proteínas, carboidratos e lipídios.

Mas o preparo físico dela (se houvesse recorde infantil para levantamento de peso, essa medalha já estava no papo) demonstra que alguma coisa dá certo na dieta dela. Como será que ela obtém as tão faladas proteínas? A resposta, como outras grandes descobertas, veio por acaso. Aqui em Itaparica tivemos também uma praga de grilos, uma infestação generalizada, grilo por tudo quanto era canto. Em nossa casa, contudo, a infestação era mais moderada que em outros lugares. Por quê? Eis que, observando Chica brincando no chão, noto que ela pegou alguma coisa que pôs na boca.

— Que é isso aí na boca? Tire isso da boca!

Tarde demais. Mastigando com grande prazer gastronômico, Chica acabara de jantar um grilo ao primo cri-cri. Só consegui puxar uma perninha, já mastigadinha.

— Mulher! — gritei lá para dentro. — Chica comeu um grilo!

— São João Batista também comia — disse ela.

— Mas você acha certo esse negócio de Chica comer grilo?

— Não posso fazer nada, isso nem é a pior coisa que ela já comeu. Você quer saber o que eu já peguei ela comendo? Ela...

— Não, não diga, não diga, eu já sei!

Bem, é proteína, isso ninguém pode negar. Dobramos a vigilância, mas Chica consegue traçar uns dois grilos por dia, no mínimo. E a verdade é que tudo na vida pode ser visto por um ângulo favorável. Outro dia mesmo, quando Zé de Honorina estava lá em casa para tomar um cafezinho, observou que tínhamos bem menos grilos do que as outras casas da ilha.

— Que é que você faz, usa muito inseticida? — perguntou ele.

— Não. Nós usamos controle biológico — respondi, olhando para minha filha orgulhosamente.

Em *poule* a duas voltas

Não posso, honestamente, afirmar-me um esportista. É bem verdade que, lá se vão anos tão longínquos, tive meus momentos de glória futebolística, fosse defendendo — em temporadas frequente e triunfalmente invictas a briosa equipe da Ilha de Itaparica —, fosse envergando a altiva camiseta rubro-negra do Flamenguinho do Rio Vermelho, em Salvador. Apelidado de "Delegado", pelo meu eficaz policiamento da grande área, encerrei a carreira na zaga. Haverá certamente aqueles que, se instados com alguma persistência, recordarão um craque que, embora de limitados recursos técnicos, inspirou a torcida da ilha em diversas ocasiões, levando o esquadrão à frente em arrojadas investidas pela ponta direita. Era eu — o injustamente esquecido autor dos dois gols que garantiram a vitória do São Lourenço (São Lourenço é o santo da ilha, tem muito prestígio lá), em certo match de vida ou morte contra um time de Maragogipe. Como se tratava de Itaparica, não me chamavam lá pelo apelido, mas pelo nome de pia mesmo. Ou seja, Obardo ou Jombardo. Eu preferia Jombardo, que na cabeça eu escrevia Giobardo, e tinha fantasias de ser entrevistado por Antônio Cordeiro na Rádio Nacional, esclarecendo modestamente: "Não, não sou italiano, há uma confusão. É que, depois que eu joguei no Internazionale..."

Os fados, contudo, não me sorriram. Já um pouco fora de meu peso ideal, ainda em Itaparica, fui obrigado, não sem méritos, diga-se, a disputar arduamente a condição de titular da lateral direita da ilha, que finalmente abiscoitei até retirar-me das canchas, durante quatro anos, fazendo dupla com Chico Gordo. Éramos, como se dizia na época, uma parelha de beques respeitada. Inclusive, a gente batia bastante, não havia facilidades.

Contudo, as exigências do tempo, a renovação dos valores e, principalmente, a ingratidão da torcida me desgostaram de vez com a prática do esporte. Certa feita me levaram para uma academia de boxe, mas, logo no primeiro dia, um americano que treinava lá me deu uma traulitada que eu passei uma semana com os ouvidos zumbindo e achando que as pessoas falavam como se estivessem debaixo d'água, de forma que abandonei o boxe também. Assim, vi-me reduzido, ainda que voluntariamente e não por falta de talento, à condição de espectador.

Mas, em compensação, que espectador que sou! Em verdade lhes digo, quando morei uns dois anos nos Estados Unidos e os outros brasileiros que eu encontrava viviam frustrados por falta de futebol, eu não só entendia muito de beisebol como tinha times favoritos e discutia acaloradamente em bares e instituições análogas. Se isto parece incrível, digo-lhes mais: dei para entender profundamente de golfe (sempre muito mais para Arnold Palmer do que para Jack Nicklaus, devendo citar um certo fascínio relutante por Lee Trevino e uma idolatria ridícula por Sam Snead). Entendo tanto de futebol americano que, se alguém assistisse àquilo aqui, a televisão me poderia contratar para comentarista. Da mesma forma, torci por times de basquete apesar de o basquete se haver transformado, nos Estados Unidos, num jogo exclusivamente para vítimas de acromegalia, comentei boliche, estudei cuspe a distância, aprendi as regras de hóquei no gelo, envolvi-me emocionalmente com uma moça (irlandesa) que jogava hóquei de campo, discuti estatísticas de esportes de inverno — enfim, não havia nada que eu não transasse.

Para isso, é claro, foram necessários esforço e vocação de minha parte. Por exemplo, para quem não é americano ou japonês, fica difícil acostumar-se à ideia de que beisebol é efetivamente uma competição e não uma coreografia misteriosa, que envolve um grande número de coçadas algo indecentes, franzir de sobrolhos, cochichos e cusparadas volumosas. Mas me acostumei, aprendi tudo. Razão por que me considero insuspeito para fazer uma pequena queixa sobre Portugal, onde todo mundo (inclusive, desculpem, o Presidente) me trata bem e onde me dou tão bem. Mas é uma queixazinha boba e acho que vocês me darão razão. E espero, é claro, que os portugueses não se zanguem — é uma queixazinha boba mesmo.

Eu estava querendo, Deus me perdoe, tomar umas informações aqui sobre o campeonato de basquete lusitano e então peguei o jornal e li o seguinte: "Como é do conhecimento geral, os sistemas de disputa dos campeonatos nacionais das diversas divisões foram alterados no último congresso da Federação, pelo que no da II Divisão a prova compreenderá três fases: a primeira será disputada em cada uma das zonas, por pontos, em *poule* a duas voltas, em jornadas simples por semana, com classificação definida em cada zona. De acordo com a classificação desta primeira fase, serão apurados os quatro primeiros classificados de cada uma das zonas; a segunda fase será disputada nas zonas por pontos, em *poule* a duas voltas, em jornadas duplas, pelas quatro equipes apuradas, em cada uma dessas zonas; a terceira fase será disputada num só jogo, entre os vencedores da segunda fase das zonas Norte e Sul em região neutra, os quais subirão automaticamente à I Divisão." Esclarecia-se, logo após, o que se lerá:

"O novo sistema de prova é o seguinte: a primeira fase será disputada por pontos, em *poule* a duas voltas, com classificações definidas; para a segunda fase formar-se-ão dois grupos, de cada zona, nos quais alinharão os dois primeiros classificados de cada um dos grupos da respectiva zona da fase antecedente. Cada um destes grupos disputará uma *poule* a duas voltas, em jornadas simples por somá-la, com classificação definida; a terceira fase, num só jogo, será disputada entre os vencedores da segunda fase das duas zonas. Como é evidente, os dois primeiros classificados da segunda fase das duas zonas disputarão na época seguinte o 'Nacional' da II Divisão."

Não achei (tê-lo-ão achado, caras senhoras e senhorinhas, quiçá o estimado senhor?) nada evidente. Não desisti, contudo. Resolvi torcer ignorando as regras. Achei um jogo ótimo para hoje mesmo: Ateneu Cartaxense versus Imortal de Albufeira, às 16 horas. Sou mais o Imortal de Albufeira e dou quatro cestas de frente.

O mistério do Shaub-Lorenz

Na televisão portuguesa, é bem verdade, há poucos mistérios. Isto porque eles fazem questão de explicar tudo pormenorizadamente, não passa nada sem explicação. Atualmente, no primeiro canal, temos uma programação diária que vai mais ou menos das seis às onze da noite — ou seja, umas cinco horas — e um conjunto de pelo menos uns 18 explicadores e explicadoras. Assim que a imagem padrão sai do ar, surge uma mocinha (minha favorita se chama Manuela Moura Guedes, mas ela não liga para mim) que explica tudo a que se vai assistir, não somente naquele canal como no outro. No outro, aliás, quase sempre estão apresentando ou algumas ponderações sobre as surpreendentes e sem dúvida empolgantes identidades entre a obra de Stravinsky e a de Haydn, ou um filme francês em que os personagens não conseguem morder um sanduíche sem antes abordarem — e de forma pouco clara — a irredutibilidade do ser ao não ser, razão por que a gente assiste pouco, esse negócio de ser intelectual tem seus limites.

A explicadora, conquanto revele discreta preferência por ficarmos nós com o Canal 1, não se farta de rever toda a transação entre Haydn e Stravinsky, abordando também a programação dos cinemas e teatros. Os filmes e peças em cartaz ela não conta, mas os programas de tevê ela conta: o que vai acontecer, se o final vai ser feliz, se o assassino é esperado ou inesperado, se o mocinho fica com a mocinha e por aí vai. Quanto à novela, que no momento é "Olhai os Lírios do Campo", ela também conta tudo, mas não é nem preciso, porque os jornais e revistas já terão publicado antecipadamente todos os resumos da semana ou do mês, cada qual mais detalhado, comentado e caprichado. O pessoal vê a novela não para saber o que vai acontecer, mas como vai acontecer.

— Vim para cá saber que caras fará o Sr. Dr. Eugênio, ao saber que a Sra. Dra. Olívia está a esperar um bebé — explica-nos Isabel, filha da zeladora aqui do edifício, ao abancar-se em nosso sofá para assistir ao episódio do dia, pois o aparelho de sua casa "encontra-se já em reparações há uma data de dias". Isabel só tem 11 anos, mas a julgar pela sua palestra cheia de mesóclises e subjuntivos sofisticados, já conhece os fatos da vida. A julgar também pelo que ela discorre a respeito da gravidez da Sra. Dra. Olívia, é claro. Quando não entendemos esses importantes aspectos da questão, perguntamos a ela. "Falar-nos-emos durante os intervalos, está bem?" — diz-nos ela, roendo as unhas e comentando entre os dentes que Cláudio Marzo é muito giro e porreiro, pá.

Além das explicações gerais, feitas em dois ou três blocos por noite, há também explicações setoriais, empreendidas antes de cada programa individual. Que eu me lembre, o único programa que não vem explicado com detalhes é o Topo Gigio, pois esse rato nefando agora assola Portugal, mas deverá ser deportado em breve. Acho que até entre os explicadores mais fanáticos há uma certa relutância em explicar o rato detestável, cujas maneiras suspeitas e gestos insuportáveis vêm causando justa repulsa em Portugal — exceto da parte dos que ganham royalties vendendo a efígie dele de todas as formas possíveis, entre camisetas, chaveiros e bonequinhos abomináveis.

Existem, enfim, até mesmo programas que consistem, de cabo a rabo, em grandes e ininterruptas explicações, como é o caso de "1 + 1 = 1", apresentado por uma deputada intelectual, D. Natália Correia, ou por outros intelectuais de pendor igualmente explicante. Meia hora, se não me engano, de vibrante palestra e inflamada recitação, coisa altamente cultural, que eu suspeito ser muito estimada pelas multinacionais do cinema, pois, na hora em que o "1+1=1" pinta na tevê, todo mundo resolve ir ao cinema imediatamente, por mais frio que esteja fazendo.

Diante de tudo isso, o mistério do Shaub-Lorenz avulta de uma forma quase insuportável. Soubemos, eu e minha mulher, da existência do Shaub-Lorenz através de um programa intitulado "Noves Fora Nada" (não tinha pensado nisso, mas haverá um veio aritmético na RTP? Procurarei observar). Esse programa, apresentado por um simpático senhor de peruca, combina, de maneira para mim ainda não completamente inteligível apesar das fartas explicações, perguntas a diversos candidatos com uma roleta gigante (e pesadíssima: a maioria das pessoas tem dificuldade de fazê-la rodar direito), na qual, a depender da hora, o candidato ou tira prêmios ou observações tais como "não leva nada", "reduz a metade", "dobra", ou ainda números que servirão, entre outras coisas, para indicar o grau da pergunta bem como o número de vezes pelo qual, em certos casos, o valor corrente do prêmio é multiplicado. Simples, como veem. Para ser honesto, contudo, devo dizer que, na prática, é um bocadinho mais complicado, coisa pouca. Sim, e se o sujeito tirar nove, adeus. Perde tudo. Entretanto, como os candidatos acabam sendo os mesmos todas as semanas, sempre se pode tentar a sorte novamente.

Mas, enfim, lemos "Shaub-Lorenz" pela primeira vez entre os prêmios que desfilam na roleta — ou "tômbola", como diz o senhor apresentador, que a cada quatro palavras fala "ora bem".

— Ora bem — diz ele entusiasmado, quando a tômbola vai terminando o giro —, pode tirar cinco mil escudos em tintas, chocolates... não, não... vai tirar o Shaub-Lorenz! Não, não tirou o Shaub-Lorenz, mas tirou também um excelente brinde, um conjunto de lençóis no valor de dez mil escudos!

— O que é um Shaub-Lorenz? — perguntou minha mulher.

— Não sei — disse eu. — Assim para o ouvido nordestino tem um som meio imoral, mas deve ser uma coisa ótima, pelo jeito que Ora Bem falou.

Ficamos atentos para pegar o Shaub-Lorenz. Nessa noite, por essas manhas da sorte, o Shaub-Lorenz tirava finos terríveis. (Ora Bem, exaltadíssimo, falava olha lá o Shaub-Lorenz, vai sair o Shaub-Lorenz!) Fazia que ia, quase ia, mas não ia. Mas nós não desistimos, é claro. E na apresentação seguinte do programa, lá estávamos nós, firmes, esperando o Shaub-Lorenz.

Ele se fez tardar. Nem mesmo os fininhos do dia anterior ele tirava, raras vezes veio à boca de Ora Bem. Já íamos quase desanimando, quando o senhor que responde sobre literatura (senhor de óculos miúdos e faiscantes bigodes entre guidão de bicicleta e Salvador Dalí, que acerta tudo mas sempre tira o nove no melhor da festa), gira com grande *nonchalance* a possante tômbola e — voilà! — o Shaub-Lorenz! Gelamos nas poltronas, em rígido silêncio.

— Ora bem! — exclamou Ora Bem. — Tirou o Shaub-Lorenz!

— É o segundo — disse o candidato.

— Ora bem, se já tirou o Shaub-Lorenz uma vez, vamos a outro brinde — disse Ora Bem com toda a solicitude. — Mais de um Shaub-Lorenz já seria exagero, não é verdade?

— Pois — disse o candidato.

— Não! — bradamos nós.

Mas não adiantou. Trocando inexplicavelmente o segundo Shaub-Lorenz por um jogo de lençóis, o candidato acertou mais uma resposta, voltou à tômbola, tirou nove e saiu sem dinheiro, o que nós achamos muito bem-feito, por esnobar assim um Shaub-Lorenz daquela forma exasperante. Mantemos, contudo, a esperança. Na próxima semana, com toda certeza, saberemos o que é um Shaub-Lorenz. Mais tempo não podemos esperar, porque a vida nesta casa sem um Shaub-Lorenz já está ficando insuportável.

O dia em que fui fazendeiro no Arizona

Acho que sou escritor porque tenho tido muitas aventuras. Como lemos desde pequenos em biografias e almanaques, todo escritor vive metido em grandes aventuras, caçando búfalos, lutando boxe, morando entre os esquimós, pegando em armas pela liberdade da Grécia, dormindo com Marilyn Monroe e enchendo a cara em companhia de Fidel Castro. Minha experiência de caça se resume a rolinhas fogo-pagou em Aracaju, mas, em compensação, a parte aí do porre com Fidel Castro eu já desempenhei. Não sei se ele notou, mas eu, o poeta peruano Antonio Cisneros e o ator Gianfrancesco Guarnieri (no Peru conhecido popularmente como Panchito Guarnieri) traçamos bem uns vinte mojitos cada um, na noite em que Fidel apareceu para charlar na casa do ministro da Cultura de Cuba. Ele não pode dizer que tomou um porre na minha companhia (preferia daiquiris e, comparado a nós, parecia um abstêmio), mas eu posso dizer que tomei um porre na companhia dele. São coisas da existência aventurosa do escritor — minha vida daria um romance.

Por exemplo, certa feita fui fazendeiro no Arizona um dia inteiro, ganhei um chapéu de caubói, discuti problemas de irrigação e fiz um discurso para os apaches (ou navajos; eu estava um pouco assanhado e nunca me lembro se o discurso foi para os apaches e a dançadinha foi na dança de chuva dos navajos, ou vice-versa). Tornar-se fazendeiro no Arizona é muito mais fácil do que parece assim à primeira vista, basta o sujeito estar no Arizona e ser um pouco abestalhado — precisamente meu caso naquele dia.

Eu integrava um grupo de estudantes brasileiros, que os americanos estavam levando numa *field trip* ao Arizona. Americano gosta muito de levar a gente para *field trips*, uns passeios cuja atividade principal consiste em ouvir palestras feitas por um camarada de camisa de colarinho, manga curta e fala anasalada, bebendo café em xícaras de papel enormes e ganhando de presente um extraordinário número de folhetos e livrinhos. E, claro, todo mundo usando crachá, porque americano gosta de crachá ainda mais do que a Rede Globo, é impressionante.

Então a gente estava no Arizona, todos muito resignados e tomando xícara após xícara daquele café na esperança de dar uma mão para a balança comercial brasileira, e ouvindo palestras sobre projetos de irrigação. Não que a gente estivesse particularmente interessada em irrigação, mas não tem água no Arizona e aí eles ficam orgulhosíssimos de qualquer reguinho que constroem, fazendo questão de mostrá-lo pormenorizadamente aos visitantes. No segundo dia de visitas a regos e calhas, atrasei-me por causa de um pernambucano que não falava inglês e tinha medo até de entrar no elevador sozinho. Como ele parecia sempre à beira de atacar os presentes a peixeiradas (carregava um canivetão mestiço de peixeira), eu ficava ali ajudando e acabava atrasado.

Desci afobado para o saguão do hotel e, não vendo ninguém do grupo, perguntei ao homem da recepção se ele não sabia onde estava o pessoal. Ele perguntou meu nome, olhou uma lista e me entregou um crachá. "O ônibus é aquele ali, já vai sair", explicou, apontando para a rua. Estranhei o crachá, porque já tinha um, mas raciocinei que me encontrava na terra da fartura e havia que dar saída para a produção da indústria crachaleira. Era diferente do antigo e, estranhamente, dizia "Ribeiro-Brasil". Se todo mundo era do Brasil, por que a indicação do país? Bem, talvez fosse uma coisa maior, com gente de outros lugares. Corri para o ônibus, entrei, sentei, o motorista imediatamente fechou a porta e saiu velozmente. Pela janela, aquelas montanhas e despenhadeiros que a gente vê no cinema, por trás dos quais despontam as cabeças dos índios antes do massacre do forte. Acho que passei alguns minutos distraído com a paisagem e, quando resolvi olhar em torno e puxar papo, bati o olho num rosto oriental e simpático a meu lado. "Huan-Taiwan", dizia o crachá. Será que há alguma cidade paulista chamada Taiwan? — pensei rapidamente. Mas aí dei uma panorâmica nos outros passageiros e descobri que, naturalmente, estava no ônibus errado. Estava numa *field trip* de fazendeiros, é claro, no lugar de algum xará cujo pernambucano era mais difícil que o meu e o atrasara ainda mais. No comecinho, ensaiei ficar em pânico: se fosse uma viagem para outro Estado, por exemplo, extraviando-me definitivamente do meu grupo? Mas tinha despertado do devaneio exatamente com o motorista explicando que estaríamos de volta ao hotel às sete horas da noite, mesma hora prevista para os brasileiros. E aí passei o controle para o diabinho que acompanha os escritores aventurosos, sujeitinho muito cínico, mas de grande simpatia. Afinal, sempre tive a fantasia de ser fazendeiro. Quando Deus dá, a gente pega — diz minha avó alagoana, D. Amália.

Fiquei imaginando que tipo de fazenda seria a minha.

A primeira coisa que me veio à cabeça foi cacau, mas achei que fingir de rico com oito dólares no bolso podia ser arriscado. Cacau não. Que tal gado? Não, podia ser que quisessem que eu montasse num cavalo e não sou chegado ao hipismo. Além disso, para distinguir um boi de uma vaca, me vejo obrigado até a ser mal interpretado. Milho! Milho eu manjo mais ou menos, posso fazer até um charme, explicando como planto feijão no meio do milharal. Claro! Grande fazendeiro de milho do norte do país! E ainda criava do lado umas galinhazinhas, umas cabrinhas, umas árvores frutíferas, essas coisas de fazenda mesmo.

Vocês não sabem como o fazendeiro de milho brasileiro tem prestígio no Arizona, principalmente quando este fazendeiro fica assistindo à televisão até tarde e aprende a fazer piada de americano. E também adaptei ao gosto local aquela velha da surdinha que estava presenciando a conversa de dois fazendeiros a respeito de um pé de milho pequenininho que deu cada espiga destamanho, fiz grande sucesso. Escolhido orador da turma para os apaches (ou navajos), alinhavei palavras emocionadas sobre o homem e a terra, quase levando o Fessenmeyer às lágrimas (o Fessenmeyer, plantador de trigo em Iowa, era um dos americanos do grupo, que ficou muito meu amigo e quis até visitar minha fazenda). Entre os navajos (ou apaches), introduzi uns jogos de braço baianos na dança da chuva, prometi enviar ao chefe um mandacaru de presente e ensinei como fazer amendoim cozido.

Voltei de chapéu de caubói para o hotel e, de noite, ainda fui com o Fessenmeyer ao Pussycat, taverna local de fino trato, onde as garçonetes se vestiam de gatinhas (quer dizer, só os bigodes e o rabinho, o resto quase nada, nada) e nós, fazendeiros, discutimos as vantagens e desvantagens de destilar uísque lá na roça mesmo, em vez de comprá-lo no armazém. Viajamos, cada um para seu canto, no outro dia, nunca mais vi o Fessenmeyer ou o Huan (que plantava arroz e ficou de me mandar umas sementes, mas nunca mandou). Talvez seja por isso que, ao passar junto de uma dessas barraquinhas que vendem milho verde aqui no Leblon, eu seja o único morador do Rio que para, respira fundo e sente uma certa saudade do Arizona. O escritor, além de aventuroso, precisa ser original.

Tudo sob controle

As boas almas que acompanham esta coluna sabem que já me manifestei contra isso sobre o que irei manifestar-me novamente contra. Nunca é demais, principalmente para nós, apreciadores de futebol. Não me refiro a mudanças de regras que se propunham, por exemplo, a transformar o futebol numa espécie de basquete jogado com os pés, com a partida dividida em quartos e o cronômetro parando. Coisa de americano, um povo que acha futebol um esporte chato feito para meninas jogarem e prefere assistir a beisebol, um esporte, esse sim, chato, que consiste em um jogador mascando fumo e cuspindo para o lado, enquanto outro, acocorado, coça as partes pudendas e ainda outro brande um bastão, ao tempo em que o resto produz uma coreografia incompreensível.

      Refiro-me ao imponderável, ao que querem retirar do esporte e que faz parte de seu encanto, sua magia e seu folclore. Agora estão aperfeiçoando o uso de sistemas de sensores especiais, para praticamente todos os esportes. Se a bola de tênis bater levemente fora do campo, não haverá problema. Um sensor esclarecerá a situação e um futuro herdeiro de McEnroe não poderá lançar a raquete para cima, mastigá-la e xingar o juiz. Na natação, sensores informarão se o concorrente queimou a largada ou cometeu irregularidade semelhante. E, imagino eu, coisas do mesmo jaez deverão ir ocorrendo com todos os esportes.

Pois que ocorram, se é o destino desses esportes. Lamentável — dir-se-ia —, mas inevitável. Agora, para quem foi criado com futebol, já basta o impensável que vem ocorrendo ultimamente, o Brasil tomando susto com a Baixa Eslobóvia ou Buzizilândia do Norte ou, ainda, perdendo de virada para o Curiquistão. De resto, deixem o futebol em paz. Já existem projetos de sensores para tudo em futebol, não só através da reprodução imediata das jogadas em telões, como para ver se a bola realmente passou da linha de gol. É possível isso? É possível eliminar a figura do juiz ladrão? Onde e a que situação se reduzirão as torcidas vencidas? O juiz parará o jogo e esperará o replay no telão, para ver se dá falta ou não? O bandeirinha pedirá substituição da bola porque o computador nela embutido travou? Absurdo inadmissível.

Aí mesmo é que eu, que já tornei mais do que raras minhas visitas a estádios, dos quais quanto mais velho fico mais medo tenho, nunca mais vou aparecer neles. Acho que nem sequer vou querer assistir aos jogos pela televisão. Qual vai ser a graça de o time da gente perder e a gente não poder descer para o boteco impávida e encarar a torcida adversária com uma frase como "também, botando o Lalau de juiz, o que é que vocês queriam?". Em breve, com o desenvolvimento da tecnologia, acabarão tornando-se inúteis as funções hoje desempenhadas por árbitros e bandeirinhas. Vão bastar os sensores, os computadores e os telões. Isso até que algum magnata resolva que gente jogando também dá despesa e trabalho demais, passando a disputa a ser virtual.

O mundo está perdido. Agora sua excelência dr. Bush acaba de fazer passar pelo Congresso americano, se não me enganam as notícias que leio em jornais e revistas, a lei que cria um tal Departamento de

Segurança Interna. Por lei (morda aqui, ó, mas é lei), a CIA não pode espionar cidadãos americanos, ainda mais dentro de território americano. O FBI, que é a polícia federal de lá, está restrito a crimes definidos exclusivamente em leis federais, ou qualquer coisa assim. Falta algum órgão encarregado de vigiar os cidadãos, visitantes ou residentes, que agora é criado pelo dr. Bush. Perguntará algum de vocês que mal há nisso.

Que mal há nisso é que a privacidade de ninguém no mundo estará mais garantida, até nos mínimos detalhes, como o uso do banheiro. Os americanos, sem a necessidade da ajuda do dr. Bush, já vêm marchando nessa direção há algum tempo e quem quiser que pense que, como usuário de computador, por exemplo, não tem sua vida escarafunchada o tempo todo. Em breve, sob o pretexto de ajudar o consumidor, os eletrodomésticos vão estar conectados à internet. Já existem diversos protótipos, prontos para entrar no mercado na primeira oportunidade. Oficialmente, para prevenir defeitos, até efetuar certos reparos e, enfim, dar assistência ao consumidor. Pois sim. Na máquina de lavar, por exemplo, informarão quantas cuecas você lava por semana, quanto e que sabão usa, quanta água usa e mais dezenas de coisas que, juntadas com os dados fornecidos pela geladeira, o fogão, o aspirador e quejandos, farão o retrato de toda a sua vida privada, ou, pelo menos, de grande parte dela.

Haverá um certo Registro de Informação Total, que ninguém sabe direito o que é que vai ser, mas já se tem uma ideia, o qual se encarregará de manter uma ficha de cada cidadão. De câmaras de tevê, inclusive na rua, a escutadores, tudo será devidamente fuçado, se eles quiserem. E quererão, é claro. Já há empresas, nos Estados Unidos, que fazem exames rotineiros para saber, por exemplo, se funcionários seus fumam maconha em casa. Se o sujeito cumpre sua obrigação direito e é da geração riponga, que diferença faz para a empresa que ele queime um baseado no fim de semana? (Atenção, não estou propondo a legalização de nada; cartas de protesto para o editor, pelo amor de Deus.)

Perguntarão vocês o que é que nós, brasileiros, temos com isso. Ora, meus caros, se vigiam os americanos, não vigiarão a nós, caso lhes dê na veneta? Maravilhas de um mundo novo. Quem diria que, iniciado o milênio, todo mundo ia ser artista de tevê? Doravante, não facilite e faça caras e bocas até para sentar no trono, o prevenido vale por dois.

Cadê o futebol?

Todo santo dia, os meios de comunicação publicam matérias sobre a decadência do nosso futebol. O futebol carioca, então, nem se fala, porque os grandes times do Rio estão em situação ainda pior do que a de outros estados. E, de fato, mesmo os maníacos, que têm tevê a cabo, *pay per view* e parabólica e não perdem um jogo, ou os mais fanáticos, que ainda enfrentam os perigos que ameaçam os grandes estádios em dias de jogo, não podem negar que, atualmente, assistir a um jogo de futebol não é mais a mesma coisa e às vezes fica mais chato do que a exibição das fitas de vídeo que um casal de amigos fez de sua excursão pela Europa, onde os narradores são ela e ele discutindo e falando ao mesmo tempo e ele confundindo Bruxelas com Barcelona — "não sei por quê, deve ser por causa dos nomes, Barcelona, Bruxelas, para mim o som é parecido, só pode ser isso".

Não sou comentarista especializado, como todo mundo sabe. Pelo contrário, de futebol somente sei o que qualquer torcedor comum sabe, ou até menos. Nas Copas a que compareci como "comentarista", não só escrevi muito pouco sobre futebol, como devo ter sido objeto de vários jogos de porrinha, para ver quem teria a má fortuna de sentar-se junto a mim no estádio, porque eu só faltava perguntar qual era a equipe brasileira.

— Zinho? — perguntava eu a um companheiro de bancada.

— Sócrates — respondia o caridoso companheiro a meu lado, com a cara de quem havia obtido a dispensa de pelo menos uns quatro séculos de Purgatório.

— Sim, claro, é a semelhança física entre os dois que me confunde.

Dessa mesma vez, em Guadalajara, na concentração, eu, de crachá e sentimento glorioso de repórter esportivo (meu sonho de consumo profissional até hoje), cumprimentei, como acho que já contei aqui, o Falcão.

— Tudo de bom pra você, Falcão!

— Obrigado, mas eu sou Carlos, o goleiro.

— Ah. Sim, ho-ho, que mancada a minha. Eu não enxergo muito bem e assim, com esta luz contra os olhos...

Mas também não sou tão burro, eis que passei de primeira no vestibular da outrora rigorosíssima Faculdade de Direito da Bahia e me formei, hoje tendo alguns colegas de burrice ocupando altos postos na República. E, ainda assim, qualquer burro vê, há árbitros marcando impedimentos onde não houve ou vice-versa, pênaltis onde não houve e vice-versa, expulsando jogadores que não fizeram nada de errado e, de modo geral, melando o jogo todo. Por muito menos, nenhum desses juízes sairia do estádio de Itaparica sem receber um prato fundo de mingau de mandioca na cara.

Mas será que resolve, fazer da tevê uma fonte de referência para atos dos juízes, podendo-se vir a anulá-los? Continuo a protestar. Sem se poder xingar o juiz e dizer que tal ou qual falta foi roubada, o futebol perderia um dos seus grandes encantos, notadamente a choradeira. A má arbitragem continua a ser um problema grave, é certo, até por causa da covardia e da burrice de certas regras. A covardia consiste em não dar cartão amarelo ou vermelho em algumas circunstâncias, com a consequência de que, por exemplo, uma tourada espanhola aqui tem menos violência do que um jogo de bola de gude. Quem tenta quebrar o outro devia ser expulso. Quem xinga o juiz nessas circunstâncias devia ser processado. E por que se permitem táticas antiesportivas, tais como o uso de cartão amarelo para facilitar a escalação de um time? Fulano está pendurado no amarelo. Se tomar outro, será automaticamente suspenso, não participará de um jogo sem importância por causa do terceiro cartão e aí toma amarelo de propósito. E ainda, ligado a isso: se o sujeito comete uma falta merecedora de cartão amarelo, por que, na segunda, não pode tomar o segundo cartão amarelo, que se acumularia com os outros já recebidos? Muitas vezes, o juiz tem que dar cartão vermelho, embora não seja muito justo, só porque o infrator já tomou amarelo antes. Devia ser possível dar um, dois ou três cartões amarelos no mesmo jogo, principalmente quando o time está participando de várias competições simultaneamente (copa disso, copa daquilo, taça disso, taça daquilo). A expulsão só devia vir quando fosse caso de cartão vermelho mesmo, ou quando os amarelos chegassem, por exemplo, a três ou quatro. Não deveria ser forçado o cartão vermelho somente porque o jogador tomou um amarelo antes, no mesmo jogo. Todo mundo já viu esse tipo de injustiça, um expulso por ter puxado a camisa de outro, pouco depois de ter chutado a bola para fora de campo num momento proibido. Não é a mesma coisa que expulsar um que quebra a perna do adversário de propósito.

  Apesar de maus árbitros, é difícil ganhar um jogo em que o oponente é significativamente melhor. Mas nosso problema principal, pelo menos do meu ponto de vista de torcedor, não está nos árbitros, nos cartolas, nos calendários, nada disso. Nosso problema é que o pessoal anda arrumando cada vez mais times de pernas de pau, com um número incrível de pênaltis perdidos, passes errados e jogadas bisonhas. Quem faz duas embaixadas é logo chamado de craque. Botem jogadores bons nesses times, arrumem esses times direito. Futebol virou uma caixa sombria de bisonhice, e nem dar um driblezinho extra é mais permitido, é desconsideração ao adversário, Garrincha não poderia mais jogar. Não pode mais fazer gol de bunda! Por que não pode fazer mais gol de bunda? Desrespeito nada, diversão que pode voltar-se um dia contra seu perpetrador. Em resumo: o que falta em nosso futebol é futebol mesmo. Um dia desses minha turma de boteco aqui no Leblon se chateia e funda um time de beisebol. Pelo menos a gente tem mais tempo para dormir no estádio.

Ele chegou mesmo

A primeira vez que li *1984* foi depois de uma remexida que dei na biblioteca de meu avô, em Itaparica, bem menino ainda. A biblioteca de meu avô era uma extraordinária aglomeração de estantes velhas, mesas, cadeiras, sacos e objetos incompreensíveis, cobertos por pilhas e mais pilhas de livros e revistas, que também se amontoavam pelo chão e pelos peitoris das janelas. E era uma biblioteca muito rica e variada, porque meu avô, além de comprar livros e ganhar muitos de presente, furtava todos os que lhe interessassem. Considerava isto um direito seu com que ninguém podia interferir, e se ofendia grandemente quando o contestavam. Se alguém quisesse discutir, ele se fingia de surdo, técnica a que deu bom uso durante toda a vida.

Mas ao mesmo tempo era democrático. Eu tinha o direito de fuçar tudo o que quisesse na biblioteca dele, o que contrastava com a política adotada por meu pai, bem mais complexa. (Aliás, meu pai sustenta até hoje que a biblioteca do meu avô era constituída de livros seus subtraídos; neste ponto, me vejo obrigado a defender meu avô: sou testemunha de que, ao todo, ele não roubou mais de quinhentos ou seiscentos livros de meu pai, ficou nisso.) Meu pai estabelecia dois tipos de proibição. O primeiro era a proibição maquiavélica, a falsa proibição, destinada a interessar-me no livro que ele queria que eu lesse. O segundo tipo era a proibição de verdade, a qual, se violada, podia render-me uns certos dissabores, já que meu velho nunca foi assim o rei da paciência. Geralmente dava para distinguir os dois tipos, se bem que jamais houvesse certeza — o que, pensando bem, emprestava um certo sabor de perigo à minha atividade intelectual, treinando-me corretamente para o futuro.

Tenho a impressão de que *1984* estava proibido na casa de meu pai. Não digo isto com certeza, mas me lembro muito bem da emoção com que, debaixo de uma das pirâmides de livros de meu avô, encontrei uma edição nova, embora empoeiradíssima, do romance de Orwell. A capa era de "arte moderna", alta novidade naquela época, e eu já a conhecia da biblioteca de meu pai, onde — e aí é que não lembro se por causa de proibição (eu tinha uns 11 anos) — nunca conseguira ler o livro. Não sei por quê, sempre havia sentido uma atração muito forte por aquele livro, a sensação de que devia lê-lo, de que era alguma coisa importante.

Recordo que bati a poeira propositadamente embaixo do facho de luz que descia da telha de vidro, para ver os efeitos que ela causava ao formar uma coluna colorida no meio da sala. Mas não fiquei ali para ver a réstia da poeira e luz acabar se desmanchando como quase sempre fazia, porque estava ansioso para ler o livro, que abri logo ali mesmo na varanda, na frente do pé de araçá de minha avó.

Li tudo num dia só e, como tinha uma relação mitológica com os livros e era apenas uma criança, passei alguns dias assustado, sem entender direito se aquilo era uma coisa que podia acontecer, ou uma coisa que iria fatalmente acontecer. Com *A Guerra dos Mundos*, de Wells, isso não ocorrera porque, felizmente, a ação se dava no passado.

Assim mesmo, muitas vezes tive pesadelos e pensamentos medrosos, imaginando marcianos sugadores de sangue humano saindo com seus tentáculos repelentes ali pelas ruas de Itaparica para pegar a gente. O livro de Orwell, contudo, se dava no futuro, distante na época, mas ainda assim a meu alcance.

    Acabei, não sei como, resolvendo que era apenas uma coisa que podia acontecer, que não iria necessariamente acontecer. Mais tarde, bem mais tarde, estudante de Direito e metido a marxista, altamente patrulheiro e, no geral, de insuportável convivência, devo ter dito bem mais que um par de besteiras sobre esse homem estranho e singular, escritor de rara elegância, que morreu quase na idade que tenho hoje, me achando aqui mocinho. É que o patrulhismo primário, no caso esquerdoide, recomendava condenar Orwell por suspeitar-se em seus livros ataques solertes ao socialismo. Era só isso, em tempo no qual, aos 20 anos, achávamos que sabíamos tudo — e fomos vendo Stalin, a Hungria, a Tchecoslováquia, o Vietnã e tantas outras coisas assustadoras e confusas, que nos ajudaram a deixar de colocar a realidade em escaninhos pré-fabricados, a respeitar muito mais fundamente o conhecimento, difuso mas certeiro, que nos vem pela arte. A respeitar, portanto, o artista que, como dizia Glauber conversando comigo, é incorruptível. O artista, de fato, é incorruptível porque, se não fosse, não seria artista, já que a obra de arte não pode ser uma falsificação. O artista pode ser o mau-caráter que for, mas, enquanto fazedor de arte, é sempre incorruptível. Ou então não faz arte, faz outras coisas, talvez assemelhadas.

    Agora estamos às vésperas de 1984 e saltitam ensaios e reportagens sobre o livro de Orwell. Vi uma porção deles em toda parte, alguns chatos, outros agradáveis. Acho até que o livro vai vender bastante a partir de agora, porque, nas churrascarias onde decidimos os destinos da nação no Rio de Janeiro, venho observando genérica disposição de reler o *1984*. Como se sabe, ninguém na Plataforma, e muito menos no

Antônio's, vai ler alguma coisa. Sempre vai reler. Então, com tal índice de releitura, é bem possível que até eu mesmo venha a reler esse livro de clima tão opresso, cujo autor imaginava estar somente fazendo sátira, mas estava fazendo profecia.

Pois é curioso como, pelo menos nos ensaios e reportagens que vi, a opinião quase consensual é de que não estamos no mundo que Orwell pintou. Não estamos, poderemos vir a estar, mas não estamos. Claro que, num cinturão sinistro e ameaçador, os foguetes americanos se plantaram na Europa. Pelo mar, em torno da mesma Europa, a União Soviética também espalha suas armas apocalípticas. Nos ares os satélites, segundo diz brincando um técnico americano, são capazes de distinguir as divisas de um oficial inimigo. Os executivos das grandes companhias internacionais dispõem de sistemas antiespionagem, pois mesmo conversando ao ar livre, num campo de golfe, podem ser vistos e ouvidos claramente. Os governos, através do extraordinário aumento da capacidade de coletar, armazenar e processar informações, sabem tudo e podem mobilizar tudo contra o cidadão, dependendo este somente da resistência dos regimes que ainda oferecem alguma garantia concreta de que os cidadãos podem defender-se do Estado. A história se desenrola sem que saibamos dos fatos. Por si mesmos, os fatos só existem porque existe alguém que os estruture na condição de fatos. E o que é que está realmente acontecendo? Que acontece no Brasil? Quem tem razão na briga das grandes potências? Que acontece no Caribe? Que acontece no Oriente Médio? Que acontece na China? Leia um, acontece uma coisa; leia outro, acontece outra coisa. Como em *1984* — e de forma ainda mais abrangente — há um grande Buraco da Memória, há muitos Buracos da Memória.

Não há teletela a nos vigiar com seu olho sempre aceso? Mas é claro que há, como atestará qualquer um que tenha filhos nas grandes cidades. E não pode o cidadão desaparecer, ser intimidado, sequestrado, acuado de tantas formas? Alguém está realmente garantido contra alguma coisa? Estou lendo aqui a respeito de um progresso no sistema penal americano, mais especificamente em Albuquerque, estado do Novo México. Lá, os presos em liberdade condicional estão recebendo um bracelete, ou pulseira de tornozelo, que transmite um sinal de rádio, controlando permanentemente sua localização. E os muito ricos ou muito odiados já podem ter maiores esperanças contra sequestros: há quem esteja criando um transmissor para ser implantado sob a pele dessas pessoas, para que sempre a polícia saiba onde elas estão.

Chegou, sim, 1984 chegou. O araçazeiro de minha avó não mais existe, morreu faz um bocado de tempo, morte natural mesmo. No lugar dele, um bocadinho mais para boreste de quem espia a casa de frente, meu pai plantou a mangueira sergipana, que está dando que é uma beleza, quatrocentas mangas por carga, três cargas por ano. Perdi aquele exemplar arte moderna do *1984*, perdeu-se a cadeira de balanço velha onde li o livro pela primeira vez. O fantasma de Orwell, contudo, acho que de vez em quando aparece por ali pela beira da varanda, junto com o fantasma do araçazeiro, pois as árvores, todo mundo sabe, também têm alma. Não aparecem por mim, é claro, aparecem por causa do menino besta que ficava lendo ali, naqueles dias mornos e compridos que até hoje se apresentam pontualmente na ilha. E porque, é claro, 1984 vai demorar mais um tantinho para chegar lá.

Do diário de papai

"Estou preparado. Bem verdade que um pouco nervoso, porque, afinal, é a primeira experiência de planejamento do Dia dos Pais que eu faço e estreia sempre traz um pouco de nervosismo. Mas naturalmente que vai dar certo. Não sei como não tive esta ideia antes, de tão óbvia que é. Planejamento é a chave, nada de se deixar ser surpreendido pelos acontecimentos, ainda mais quando eles são todos previsíveis. Claro que seria melhor que não houvesse Dia dos Pais nenhum, mas a realidade não é como a gente quer, é como ela é mesmo, e já tenho idade suficiente para lembrar o tempo em que ser contra o Dia dos Pais era o bastante para a Associação Comercial me considerar subversivo. Nada de se rebelar contra a ordem natural das coisas e o Dia dos Pais faz parte da ordem natural das coisas.

"Uma palavra de reconhecimento ao Menezes. Ele pode ficar meio chato depois do décimo chope, mas o saldo é positivo. Foi ele quem me abriu o novo caminho, a começar pela questão orçamentária. Desde o dia em que ganhou do filho um carro novo que nunca chegou a dirigir mas pagou integralmente, o Menezes faz a previsão orçamentária. Ideia de gênio, que já apliquei e, depois das resistências naturais, acabou colando. Tem que prestar atenção: assim que saírem os primeiros anúncios do Dia dos Pais, apresentar a previsão orçamentária. Ele me ensinou até a jogada de fazer uma proposta ridícula, para depois chegar a um ponto aceitável. Fica sempre acima do que o sujeito pode gastar, mas pelo menos há controle. O Menezes falou como um sábio da Grécia: sem previsão orçamentária, o principal presente do Dia dos Pais é a inadimplência. E às vezes inadimplência braba, conheço diversos que estão pior do que mutuário de imóvel, vão morrer pagando os oito Dias dos Pais que sempre estão devendo. Doravante nunca mais, tem que haver um limite para o que o sujeito pode gastar para ser homenageado. Chiaram bastante, me xingaram pelas costas e a jararaca da Marlene chegou a dizer que isso só ia fazer com que ela gastasse mais com o analista, para consertar as neuroses que adquiriu por causa de minha figura paterna, mas o Menezes foi um esteio e eu fiquei firme. Dia dos Pais, sim; falência, não — norma de ouro.

"Evidente que cada caso é um caso e, partindo dessa primeira ideia revolucionária, meu caso foi sendo todo equacionado. Depois do planejamento orçamentário, o mais importante é o psicológico. Sendo Dia dos Pais, o camarada tem de estar preparado para fazer tudo de bom para si e para a família. Ou seja, tem que encarar que o que é bom para si e para a família é qualquer coisa que ele goste de fazer, essa é a regra. Hoje é meu dia e, portanto, o mínimo é prometer parar de fumar, beber ou sequer passar no boteco. Dá um arrepio de pavor, mas até o Menezes consegue, por que eu não vou conseguir? Ele me ensinou o truque. O cara imagina que está numa viagem internacional para Tóquio, em excursão de classe econômica. Qualquer coisa é melhor que isso e aí fica fácil aguentar firme, ainda mais que o plano prevê driblar tudo e, com exceção de alguns detalhes, agir como sempre. Simplíssimo, grande Menezes.

"O setor ex-mulheres também exige cuidados especiais, porque existem ex-mulheres, mas não existem ex-filhos. Sempre é um grilo, mas novamente o Menezes me mostrou a luz. É como no jiu-jítsu, usa-se a força do adversário contra ele mesmo. Por exemplo, o atual marido da Alzira, mãe de minha filha Clarinha, não me suporta. Aí eu aproveito, digo à Alzira que só preciso ver a Clarinha rapidamente, que não se incomode com nada e a Clarinha, que não é muito desses programas e está sempre preocupada com um namorado novo, me encontra no restaurante de sempre, me dá a caneta de sempre e se manda e eu fico com tempo extra para dar um pulinho no boteco sem despertar suspeitas. E Luíza, a mãe dos gêmeos, continua até hoje sem querer ver minha cara, de maneira que eu só preciso dar um telefonema para ela, encontrar os gêmeos, ganhar deles o isqueiro de sempre, levar os dois ao McDonald's, passar lá uma horinha, levá-los de volta para casa e de novo aproveitar para dar outro pulinho no boteco e trocar relatórios com o Menezes, já até sincronizamos os relógios.

"Como sempre, o grande momento em casa é o jantar, por causa das tardes com os filhos dos outros casamentos, que não só nunca aparecem aqui em casa como seriam recebidos um pouquinho pior que a Ku Klux Klan e o Maluf receberiam o Pitta. Graças a Deus, porque era capaz de sair homicídio com faca de mesa. A Marlene pode ser minha filha mais velha, tudo bem, mas é jararaca mesmo. A Sônia vai perceber que, apesar das promessas, eu estou com bafo, porque, afinal, é impossível encontrar o Menezes e não tomar umas, como, aliás, faz parte do planejamento. O Leleco, que também não é flor que se cheire, vai brigar com a irmã, depois que ela abrir os trabalhos, contando pela milésima vez como ele decapitou a boneca favorita dela, quando ela tinha 6 anos. O Toninho, que eu até hoje suspeito que é deficiente mental como meu tio-avô Paulão, vai ficar emburrado no canto, dando esbregue nos filhos e sobrinhos, meus netos, que vão me chamar de pai duas vezes e dizer que eu sou o melhor pai e avô do mundo e eu vou dar vintinho para cada um, já tudo dentro da previsão orçamentária, para obter a solidariedade deles na hora em que a Sônia, a Marlene e o Leleco só faltarem sair no braço e eu, em vez de ficar com cara de besta como nos outros anos, fizer uns ares ofendidos e, pela primeira vez, dizer que estou chocado com aquilo tudo logo no meu dia e aproveitar o ensejo para me retirar revoltado e dar o último pulinho ao boteco, onde o Menezes já deverá estar, igualmente liberado. E, quando eu voltar para casa, a Sônia já vai estar sozinha e se sentindo culpada porque eu me ofendi e vai até puxar meu saco um bocadinho, até eu dormir sossegado, na frente da tevê. O planejamento é uma coisa sensacional, transforma o limão em limonada numa boa. Pensando bem, o Dia dos Pais até que é uma excelente ideia, estou ficando cada vez mais a favor."

O diário de mamãe este ano

Querido Diário,

    Sei que não é possível acabar com esse negócio de Dia das Mães, é um ideal inatingível. Outro dia, não lhe contei não sei por quê, no meio de uma conversa com a Mara e a Tânia sobre menopausa, osteoporose e outros temas estimulantes sobre os quais tem sempre alguém fazendo terrorismo com a gente, mudamos de assunto não me lembro como e passamos a falar sobre a fundação de um movimento para abolir o Dia das Mães, ou pelo menos dar um espaçamento de pelo menos uns cinco anos entre cada um, mas a conclusão foi inevitável. Mais fácil escapar da menopausa do que do Dia das Mães, o lobby contrário ia ser invencível. A triste verdade é que, com exceção das propriamente ditas, o Dia das Mães interessa a todo mundo. Começamos até a fazer uma lista, mas desistimos no meio do caminho, porque ela é interminável. Em primeiro lugar, vêm a indústria e o comércio. Seríamos todas acusadas de inimigas da Pátria, do desenvolvimento e do pleno emprego e, provavelmente, o Garotinho conclamaria a população a nos jogar caminhões de Bíblias na cabeça. Claro, não tem nada na Bíblia a respeito do Dia das Mães, mas, com jeito, ele achava, como acha que a Bíblia está com o governo dele e não abre. Se eu fosse Deus, aliás, montaria um departamento especial no Céu só para cuidar de violações de direitos autorais, já que a Bíblia tem servido para tudo, até para fuzilamentos e empalações.

Mas nada de fugir do assunto, por mais doloroso. Dia das Mães outra vez. Unhas feitas, cabelos feitos e a pomadinha para queimadura que ele me arrumou de fato quebra o galho, só resta uma vermelhidãozinha e a vontade de estrangular quem toca em minha barriga. Este ano, ele graciosamente me acordou às sete horas, para me servir café na cama, uma daquelas cestas abomináveis parecendo furtadas do café da manhã de um hotel de duas estrelas de Feira de Santana. Ele e diversos familiares, com as caras ainda mais aparvalhadas do que de costume, gritando "viva mamãe" e "viva vovó", como se alguma mulher com um mínimo senso de decência apreciasse ser acordada num domingo às sete da manhã, para ser apreciada despencada e lambuzada de creme hidratante e ser compelida a dizer "que maravilha", enquanto come um croissant deportado pelo governo francês há dois anos, com fatias de presunto urgentemente necessitadas de desodorante. O café quente caiu em cima de mim, naturalmente, porque só ele não compreende que bule de café quente não foi feito para ser despejado enquanto se está de joelhos num colchão de molas contemporâneo das pirâmides do Egito e somente um pouquinho mais instável do que a caravela brasileira dos quinhentos anos.

Eu sei que uma mulher de classe, principalmente na condição de mãe e jovem avó (eles sempre me dizem que eu sou jovem avó, como se ser chamada de jovem avó fosse elogio para alguém que não seja a Aparecida Marinho e eu não sou a Aparecida Marinho, tenho espelho em casa), sendo homenageada pelo seu dia, não costuma xingar os presentes e usar certas palavras mais comumente ouvidas na geral do Maracanã. Mas eu também tenho o direito de achar que na Bíblia deve haver um trecho em que Deus perdoa explicitamente quem xinga aquele que o acordou às sete da manhã de um domingo perfeitamente dormível até as onze para lhe despejar meio bule de café quente na barriga, a Bíblia não foi feita somente para o governador, apesar de ele ter certeza do contrário. Xinguei e não me arrependo, como não me arrependo de haver recusado os beijinhos curativos dos netinhos convocados para a brilhante ocasião. E a pomada pode funcionar, mas o cheiro dela é capaz de causar problemas na churrascaria, logo mais. Acho que vou carregar a mão no perfume francês que a Micale, sexta ou sétima mulher nova do meu querido filho Leo, me deu, cujo nome com toda a certeza é "Le Popó du Gambá nº 5", e fazer com que o Corpo de Bombeiros evacue a churrascaria. Pensar nisso com cuidado, levando em conta que até eu posso morrer intoxicada.

Eu sei que houve algumas tentativas de mudar de programa e trocar a churrascaria por alguma outra coisa, embora, é claro, minha opinião não tenha sido ouvida. Todo ano é a mesma coisa e sempre sou ameaçada de pizzaria e até McDonald's, mas eles sabem que eu reagiria à bala e, já que nenhum restaurante respeitável aceitaria a gritaria dos netinhos (todos ainda casos claros de necessidade de congelamento até os 21 anos, com exceção do meu favorito, o Marcelinho, que continua troglodita, afásico, mal-humorado e interessado exclusivamente em linguiça, picanha e video games para retardados — grande menino, vai acabar ministro), de forma que já estou pronta para a churrascaria *once more*, não tem erro. E o Leo já foi definitivamente informado de que levantar brindes à "mamãe de duas gerações", cantar ou fazer um discurso me chamando de matriarca novamente me fará convocar os serviços da banda podre, estou relativamente tranquila.

Enfim, querido Diário, tudo bem, podia ser muito pior. A desculpa de que botei as flores todas no tanque de lavar, para depois poder arrumá-las devidamente, colou e, mesmo que não colasse, ninguém vai mais aparecer aqui durante todo o resto do ano, nem muito menos vai conferir a lixeira do edifício, de maneira que esse grave problema já foi solucionado. A menopausa, que, ao contrário do que aconteceu com as felizardas da Mara e da Tânia, fica indo e vindo sem se resolver (vou mudar de ginecologista, tenho certeza de que há ginecologistas cujas caras assustam a menopausa e aí ela fica hesitando em se instalar de vez, deve ser esse o meu problema), está dando uma folga hoje e creio que, como de hábito, cumprirei meus complexos deveres de Dia das Mães com a galhardia que, modéstia à parte, sempre me caracterizou. Tudo pela harmonia familiar. O único senão é que não me ocorreu avisar ao Leo para não me chamar de "mamãe 2000" ou "mamãe 500 anos". Isso causa uma certa preocupação, porque ele agora é marqueteiro e vive fazendo coisas criatchivas. Bem, sento perto dele e acredito que um bom chute na canela neutralizará a criatchividade dele. Para não deixar de acabar esta página de acordo com a tradição, mamãe 2000 é a mãe. E, ai meu Deus, mamãe do século vem aí.

Cartinha à mamãe

"Querida mamãe,
 "É com grande alegria que lhe escrevo neste dia dedicado a você. Todos os dias do ano deviam ser dedicados a você, porque você bem sabe que é a melhor mãe do mundo. Aliás, como muitos outros planetas, dos trilhões que existem por aí, devem também ser povoados, você é a melhor mãe do Universo e não preciso que ninguém venha me provar isso, porque, como você sabe, tenho dons paranormais e sei do que estou falando. Você, minha adorada mãezinha, é a Melhor Mãe do Universo, e ponto final.
 "Já eu ainda não posso dizer que sou um grande filho, pelos desgostos que tenho lhe causado sem querer. Quando tive um filho com a Laura, sei que ignorei seus conselhos e agora que ele está sendo criado por você, porque a Laura se revelou realmente a piranha que você sempre disse que ela era, você sabe da minha gratidão. Não apareço para vê-lo não porque não queira, mas porque minha vida de artista me toma o tempo todo, ainda mais num país como o nosso, em que a

arte é incompreendida e minhas esculturas em massa de banana e outros materiais inéditos não conseguem sensibilizar os críticos e o público, que ainda vivem no século retrasado. Mas sei que hei de vencer. No caso de meu filho Astro-Rei, também sei que existe a grande compensação de você exercer o enorme carinho que sempre carregou em seu coração, cuidando do netinho que Deus lhe deu. Uma mão lava a outra e tenho certeza de que a alegria de cuidar dele desde as fraldas até hoje, quando é funkeiro de grande futuro, compensa o desgosto que então lhe dei. E não ligue para as tentativas de chantagem da Laura, simplesmente desligue o telefone, se ela vier com aqueles discursos desaforados que toda semana ela lhe faz.

"Também não esqueci quando você chorou, ao me ver na delegacia, doidão de maconha. Mas, no fundo, a senhora compreendeu que um adolescente como eu era, na natural inquietação de um jovem com dons artísticos e paranormais, foi levado a fazer experiências com drogas e não teve culpa de uma viatura da PM passar quando eu estava queimando, sem ofender ninguém, um inocente baseado no Mirante do Leblon, somente pela sensação transcendental de curtir um pôr do sol com a percepção alterada. Tenho certeza de que em pouco tempo a senhora conseguiu refazer a poupança que gastou com o advogado e a clínica de recuperação. Hoje sou um homem livre graças à senhora, não pense que me esqueço, porque o delegado, somente em razão de eu estar carregando 300 parangas de maconha na bolsa, quis estupidamente me enquadrar como traficante, quando, na verdade, sempre fui um mero usuário e, se cheguei a vender um pouco de maconha em duas ou três ocasiões, foi devido a dificuldades financeiras, em parte causadas pela mesada pequena que você me dava, mas não se preocupe, porque faz muito que já a perdoei por me dar uma mesada tão curta, essas coisinhas materiais não têm importância, quando se trata da Melhor Mãe do Universo.

"Preciso também explicar que não tenho procurado você há tantos anos, não porque não queira, mas porque não posso. A senhora compreende que, morando aqui em Iguaba, nas condições mais simples possíveis e com os compromissos com a liderança do movimento alternativo que mantemos aqui, fica difícil sair, mesmo para dar um simples beijo na Melhor Mãe do Universo. Aliás, falando em condições difíceis, não gostaria que a senhora visse nunca a situação em que vivo. Durmo num colchonete velho, na companhia de mais oito pessoas, numa casa cheia de goteiras, sem água e sem luz, porque meus afazeres e minha dedicação aos meus ideais não permitem que eu passe melhor. Até o rango às vezes é difícil e, sem querer apertar seu grande coração, posso lhe garantir que, em várias ocasiões, só não passei fome porque o dono de um boteco aqui, que por acaso tem um relacionamento muito especial, alternativo mesmo, com duas das nossas companheiras de movimento, nos dá as sobras das refeições que ele vende durante o dia.

"Mãe, eu tenho perfeita consciência de que você preferia me ver melhor de vida, no sentido material, porque no espiritual eu não podia estar mais feliz. Mas não consigo, e sei que você compreende, pois foi de você, por mais que não pareça, que herdei a alma de artista. É a ânsia de liberdade que me anima a vida e que dá sentido à existência. São seus genes abençoados, que pulsam dentro de mim e sem os quais eu não seria nada. Hoje sei que sou um gênio e um mago, só que não conto com a sorte de muitos outros, tantos deles embusteiros e charlatães. Eu jamais suportaria a vida de um empregado, com horários, ordens, patrões, clientes, ou o que lá fosse. Não passei do segundo grau, mas não me troco por muitos aí de anel no dedo, que levam uma vida estéril e sem perspectivas, estreitados em seus mundinhos mesquinhos, em troca de uma reles posição social e econômica que jamais me fez a cabeça. Mas tenho certeza de que ainda lhe darei muito orgulho de mim nesta vida.

"Mas, enfim, minha adorada mãezinha, a finalidade desta é enviar-lhe a expressão de meu grande amor, do grande amor do filho que jamais a esquece e que a tem praticamente num altar. Eu te amo, mamãezinha, é só o que quero dizer. Sei que você talvez não goste, mas assino com o nome que escolhi em minha nova vida. Beijos, beijos, todos os beijos do mundo do seu filho querido, que fica com lágrimas nos olhos, só em pensar na sua doce figura,

"Amon-Ra.

"P.S. — Aproveitando o ensejo também lhe peço que me mande pelo portador, que é de confiança, a pequena quantia de 200 ou 300 reais, que para você não faz falta, mas para nós pode ser a salvação. Sei que você não me falhará, como nunca me falhou. Obrigado, mãezinha, e mais e mais beijos para a Melhor Mãe do Universo."

Correspondência parlamentar

"Brasília, 7 de julho de 1985.
"Querido papai,
 "Espero que esta lhe encontre, e a todos os nossos, no gozo de sua perfeita saúde e na paz que o Altíssimo sempre haverá de fazer reinar sobre o nosso lar. Antes de mais nada, a sua bênção e de minha santa mãe.
 "O senhor tinha razão, pai, e eu hoje me arrepio só em pensar que teve um tempo que eu não queria seguir sua vontade e partir para a deputança federal. O senhor com os votos todos na mão em oito municípios, dinheiro para comprar mais e disposição para fazer política de macho, na bala, e eu ali bestando. Mas agora vejo toda a verdade e só me resta agradecer a Deus pelo pai que tenho.
 "Posso garantir ao senhor, ser deputado é a melhor coisa do mundo, cada tostão que o senhor gastou na campanha está valendo e vai voltar dobrado, se Deus quiser e se minha devoção a São José não falhar. Elmira, o senhor sabe, eu já coloquei. Os meninos já estão crescidinhos, passam o dia todo fora, ela fica sem ter o que fazer e então minha primeira

preocupação, assim que cheguei aqui em Brasília, foi conseguir uma colocação para ela. Ela não completou o curso de Nutricionismo por causa do casamento, só fez o primeiro semestre, mas o senhor sabe que ela é uma menina preparada e inclusive foi uma das melhores alunas de inglês da Associação Brasil-Estados Unidos. Então eu consegui para ela uma vaga de Assessora Médica, que é um cargo que foi criado quando tio Olinto ainda não era Senador, era somente Deputado, para colocar o genro dele, Dr. Tomás Faustino. Agora que tio Olinto é Senador, conseguiu coisa melhor para o genro lá no Ministério, de maneira que o cargo vagou e tio Olinto me deu a dica. Teve a dificuldade de Elmira não ser formada em Medicina, mas afinal de contas o Nutricionismo — uma área afim e, além do mais, eu estou com a esperança de conseguir a transferência dela para uma outra universidade, dentro da área médica —, essas coisas parecem difíceis mas não são, já fiz muitas amizades aqui. Elmira está se dando muito bem no emprego. É coisa modesta, 5 milhões e 200 brutos e, além disso, ela não precisa comparecer porque a assessoria ainda não foi instalada por falta de verba e não tem lugar para funcionar, mas ela faz questão de ir, o senhor sabe como que Elmira faz questão de passar lá no hospital todos os dias, passa pelo menos uma hora lá.

"Durvaltércio está como meu oficial de gabinete. Ele ainda não deixou os estudos, de maneira que não pode dedicar seu tempo ao trabalho. Como é comigo mesmo, eu facilito as coisas, passo muito bem com a secretária, os assessores e os boys. Eustércio, que só tem 14 anos, eu coloquei como boy mesmo, no meu gabinete. Esse eu não quero nem que apareça, inclusive porque é muito falastrão e, quando eu estiver recebendo alguma visita feminina reservada (se lembra que o senhor me dizia que a mulher mais quente do mundo é a raceada de sergipana com baiano? Então aqui em Brasília elas todas devem ser desse raceamento, só o senhor vendo para acreditar, só comparo o padrão daqui com o do mulherio do Bolero, no Rio de Janeiro, que eu conheço bem e que — de fato o melhor do Brasil, juntamente com aquelas mulatas de churrascaria — muitas delas, por sinal, topam um programazinho, cala-te boca!), ele pode atrapalhar. Meu gabinete — muito cômodo, tenho um sofá excelente, geladeirazinha, banheiro... sabe como é.

"Consegui também realizar um dos meus sonhos, pai. Arranjei uma colocação para Lindaura! O senhor sabe como eu gosto da Lindaura, uma empregada que nem é uma empregada — como se fosse uma pessoa da família, que criou meus filhos e tudo mais. Sempre tive preocupação em garantir o futuro dela. Pois não é que consegui, sem a menor dificuldade, colocar ela como funcionária aqui do cafezinho, turno da tarde? De manhã ela prepara o almoço lá de casa, arruma a casa, lava uma roupinha, passa etc., esses serviços de casa mesmo. De tarde vai para o trabalho e ainda volta em tempo de nos dar o jantar, aqui a gente tem jantado tarde. Com isso garantimos o futuro dela e não precisamos pagar os salários absurdos que aqui se paga a empregadas, porque ela ganha mais do que o suficiente no emprego e o que nós damos é, por assim dizer, um agrado. Coitada, ela já não é mais menina e ficou muito cansada nos primeiros dois meses, de maneira que eu consegui uma licença médica para ela (estou vendo se transo uma aposentadoria por invalidez, já está quase tudo acertado com um médico amigo meu cuja filha coloquei na Câmara) e agora ela só está mesmo fazendo serviço de casa, mas recebendo o dinheirinho dela em dia, o que me dá uma grande alegria, pois não existe, como o senhor mesmo me ensinou, maior alegria do que servir ao próximo, principalmente uma pessoa como Lindaura.

"Para não dizer que tudo são flores, tenho tido alguns aborrecimentos com a imprensa. Eu via tio Olinto e o senhor falando da imprensa, mas achava que era exagero. Mas agora estou vendo que não era exagero nada, era até pouco comparado com as monstruosidades que eu tenho visto. O senhor viu como a imprensa dedurou os colegas que votaram dobrado, somente para criar tumulto e prejudicar a carreira de um representante do povo, no poder soberano que é o Legislativo, cuja dignidade não pode ser atacada por um troca-letras qualquer? E ainda queriam punição para eles. No dia em que cedermos a este tipo de pressão, eu sou homem de renunciar a meu mandato, porque a dignidade do Legislativo não pode ser atingida, nem sua soberania pode ser afetada pela irresponsabilidade da imprensa. Tentei até oferecer algumas vantagens a alguns deles, como um gesto de boa vontade, porque o senhor sabe que sou acima de tudo um conciliador. Mas não aceitaram. Ora, todo mundo sabe que jornalista é comprado como galinha na feira, mas é que agora eles devem estar cobrando caro, há muita procura. É lamentável constatar, pai, mas a descaração ainda impera em muitos setores da vida nacional, como a imprensa, que, além de tudo, é um viveiro de comunistas e recalcados.

"Mas não há de ser nada. Estou pleiteando aparecer naquele programa do café da manhã, que o repórter vai lá tomar café com a pessoa. Jornalista parece tudo morto de fome, vou tacar um café reforçado nele, cuscuz, inhame, aipim, manteiga de garrafa, queijo de coalho, requeijão, jabá frita, ovo de quintal estrelado, linguiça na brasa, mingau de tapioca, quero ver ele se segurar. Aquele programa dá muita projeção e, quando eu aparecer, o senhor manda gravar, que é para passar na televisão da praça todo domingo, antes do Fantástico. Diz um homem com quem eu falei que é preciso ter um motivo para o café, de maneira que eu vou ter de basear isso no meu trabalho numa comissão do Nordeste que o nome inteiro eu esqueci agora e que ainda não tive tempo de me familiarizar, porque não tive tempo de ir a nenhuma reunião dela, vivo uma vida muito ocupada, com muitos problemas para resolver. Mas talvez a melhor ideia seja eu apresentar um projeto de impacto, porém estou tendo dificuldade em pensar num. Se o senhor tiver uma ideia, me mande dizer. Pensei num projeto de mandar tombar a orquestra de pífaros de Caruaru, que seria assim uma coisa cultural que a imprensa gosta, mas ainda não achei que teria o impacto que eu queria. Se tiver ideia, principalmente cultural, mande.

"Bem, meu pai, hoje é domingo, dia de descanso, já me alonguei demais. Vamos estrear a lancha nova que eu comprei, num passeio no lago. É preciso descansar para enfrentar o batente, aqui trabalhando para o nosso povo e principalmente para o nosso sofrido Nordeste, dentro do espírito da Nova República. A bênção do senhor e de minha santa mãe novamente. Elmira e os meninos mandam beijos e abraços, que o Senhor Bom Deus o conserve por muitos e muitos anos, porque homens de seu caráter não é todo dia que nascem. Do seu filho, sempre fiel, Jaboatão Bezerra Jr. (Deputado Federal)"

Um dia como outro qualquer

Uma última repassada na rotina, antes de sair para o trabalho. Até então, tudo correra bem. Como já havia combinado com a mulher fazia tempo, rezaram juntos, na hora em que os filhos saíram para a escola. Providência elementar, em que já deviam ter pensado desde o primeiro assalto que o menino sofrera, dos seis que já contava em seu currículo — todos, felizmente, bobagens sem violências maiores, em que só levaram o dinheiro da mesada, os tênis, o blusão, o walkman e o relógio. Já a menina fora assaltada apenas uma vez, mas nunca é demais prevenir. Então a coisa era simples: pessoas de fé, agora tinham como norma rezar na hora em que os filhos saíam, para pedir proteção, e na hora em que voltavam, para agradecer. Funcionava, funcionava, Deus é grande.

Quanto a ele, conseguira andar no calçadão e mais uma vez voltara ileso, embora o cachorrão o tivesse preocupado novamente. Não sabia por quê, mas tinha a impressão de que era um dos resultados das cruzas de pitbull, rottweiler, fila e dobermann que um vizinho de quarteirão vinha fazendo há vários anos, sem muito método, é verdade, mas com o objetivo sadio de desenvolver uma raça de guarda que reunisse todas as aptidões necessárias para a função. Antigamente, gostava de cachorros, mas, desde o dia em que a empregada de um amigo tivera as duas pernas comidas por um deles a caminho da feira, dera para evitar até pinscheres miniatura, nunca se sabe, hoje em dia.

Caminhada concluída, um banho morno e tranquilo, agora que estava praticamente seguro de que o aquecedor não ia explodir, como acontecera depois daquela mudança feita pela CEG e ele chegara a sair correndo nu pelo corredor do edifício, pedindo socorro aos vizinhos — vexame de que ainda não se recuperara de todo, mas que todo mundo compreendera, até porque não fora o único. Claro, nunca mais teria a confiança que sempre tivera no aquecedor e tomava precauções preliminares, mas o anjo da guarda continuava a postos e o banho transcorreu sem problemas, novo alívio mandado pelos céus.

Restava somente mudar de roupa e checar tudo. Dinheiro entre a meia e o pé, porque, afinal, dificilmente um assaltante de ônibus, na pressa costumeira, iria pedir que ele tirasse os sapatos e as meias. Mas convinha não esquecer umas notinhas na carteira, porque a ausência delas poderia aborrecer o assaltante, como já testemunhara, naquela ocasião em que vira um outro passageiro tomar um tiro porque alegara não ter dinheiro e o assaltante descobrira dez reais no bolso dele, ficando grandemente contrariado com aquele golpe baixo. Documentos. Tinha lido as instruções da polícia, todas muito sensatas. Só levar cópias xerox da carteira de identidade e do CPF, deixar o cartão do banco escondido dentro da almofada que usava só para esse fim, nada de cartão de crédito ou qualquer outra coisa igualmente perigosa, porque isso também já era provocar o destino, prudência acima de tudo.

Tudo em cima? Tudo em cima. Nem sentia mais falta do carro, embora o processo que estava movendo contra a seguradora, que só queria pagar um valor muito menor pelo terceiro carro que lhe tinha sido furtado — todos eles, graças a Deus, na rua, sem que ele tivesse que enfrentar ladrão algum — devesse, segundo o advogado, estar resolvido em no máximo uns cinco ou seis anos, era vitória garantida na Justiça. Cartão do seguro-saúde? Sim, esse sim, porque, afinal, podia ter algum problema na rua e era sempre conveniente portar o cartão. Estava uns 15 dias atrasado, mas lera no jornal que o Governo prometera fiscalizar rigorosamente a negativa de atendimento por causa de prestações atrasadas. Não acreditava muito, mas era sempre um argumento que podia ser útil. Tudo em cima, até o relógio de camelô que passara a usar, desde que lhe levaram o Mido de estimação que herdara do avô, também que burrice sair com relógio bom, parecia até que desconhecia a realidade.

Jornalzinho barato para ler no ônibus. Antigamente lia outro, mas, como o salário não aumentava havia mais de cinco anos, o negócio era economizar o possível, pois no fim do mês essas coisas somam — uma merrequinha aqui, outra acolá acabam chegando a um volume surpreendente. Tudo subira de preço nesse tempo todo, mas a verdade era que ele tinha que botar as mãos para o céu por ainda ter o emprego e não precisar montar uma barraquinha de biscoitos na feira como o Almeidinha, nem se mudar para a casa da sogra como o Armando. E, afinal, se acostumara ao jornal barato, no fundo era a mesma coisa que o antigo, pois, afinal, não fazia diferença ler, tanto em um quanto em outro, como os bancos não pagam imposto de renda ou condecoraram Sérgio Naya.

Chegada tranquila ao trabalho, aliás um trabalho que, justiça seja feita, até que não era estressante, a não ser pelas notícias de demissões que de vez em quando circulavam, geralmente boatos alarmistas. E, desde o dia em que, já fazia uns dois anos, a atendente de consultório de dentista no mesmo edifício ficara tetraplégica por causa de uma bala perdida, nunca mais acontecera nada de grave, além do que a direção havia providenciado janelas blindadas, circuitos internos de tevê e detectores de metais.

Dia de trabalho encerrado, jornada de volta um pouco tensa por causa do mal-encarado que sentou junto a ele no ônibus, mas tudo em paz. A tradicional passada na padaria, porque, depois das oito, a mulher não deixava mais que ele saísse, ficava um farrapo nervoso. Abriu a porta de casa sem nem mais notar a palpitaçãozinha de ansiedade que isso sempre lhe dava e — Deus é grande — encontrou mulher e filhos, todos os três vivos e inteiros. Sim, a vida não é tão má assim e tem sempre a novela para distrair. Antes das onze, passou todas as trancas nas portas e foi dormir quase dispensando o tranquilizante, mas acabando por tomá-lo, para não ter os pesadelos que agora, não sabia por quê, sempre o acometiam quando não o tomava. Rezaram juntos, tornaram a agradecer a Deus por mais um dia, virou cada um para o seu lado depois de um beijinho e adormeceram pensando que um dia alguém despoluiria a água da praia ali perto e poderiam tomar um banhozinho de mar sem pegar hepatite. Pensando bem, esta vida vale a pena ser vivida.

Pensamentos, palavras e obras

Em matéria de pecados, aliás, em matéria de religião em geral, eu sempre achei que a pior coisa são os pensamentos. Na aula de catecismo, que era depois da missa e antes do futebol, quer dizer, a gente só pecando porque não queria assistir ao catecismo, nessa aula dona Maria José, com aquelas blusas dela de mangas fofolentas e os olhos piscando o tempo todo e a cara de doente, dizia que se peca por pensamentos, palavras e obras. Palavras e obras, certo, muito certo, certo. Mas pensamento é muito descontrolado, de maneira que todo mundo tinha dificuldades nessa parte, talvez somente dona Maria José não tivesse, porque tudo o que ela pensava era catecismo.

 Muitas vezes perguntei a minha mãe — e não perguntei a dona Maria José, porque o que a gente perguntava a ela, ela mandava a gente estudar e escrever uma dissertação para ler alto no outro domingo — como é que a pessoa fazia para não pecar por pensamentos e ela me disse que bastava não pensar nem besteira nem safadagem.

 Ora, isso está todo mundo sabendo, a questão é que a besteira e a safadagem aparecem o tempo todo, sem ninguém chamar. Mas de fato era uma coisa muito de admirar que os crescidos todos, na hora da comunhão, iam sem pestanejar, quer dizer, não tinham pecado nem por pensamento, porque senão não iam arriscar a receber o corpo de Cristo com tudo por dentro sujo imundo de pecados. Eu não, eu sempre tive problemas, porque primeiro nunca deixava de esquecer algum pecado e na hora que saía é que eu lembrava e aí ficava com vergonha de voltar ao padre e aí ficava achando que ia comungar sujo imundíssimo. Mas minha mãe disse que não podia fazer lista de pecados, onde já se viu, que na hora o Espírito Santo ajudava, mas ele nunca me ajudou, pelo menos eu nunca notei nada. Enfrentei bastante sofrimento.

No primeiro ano, eu não tive o problema do pecado, porque a comunhão foi na Páscoa do colégio e eu era o único aluno que ainda não tinha feito comunhão, de forma que minha mãe me mandou com uma fita branca desta largura amarrada no braço e descendo com umas franjas, que eu fiquei envergonhadíssimo. Na outra mão, minha mãe mandou eu segurar uma vela também amarrada de fita e fiquei mesmo um espetáculo, de forma que me considerei fazendo penitência o tempo todo e, de qualquer jeito, só conseguia pensar na fita e na vela, uma coisa tristíssima de se ver que eu estava e todo mundo me olhando e só não dando risada porque era uma questão de comunhão. Mas ainda assim eu fiquei desconfiado e aí, na hora que o colégio todo ficou sentado na igreja, esperando a missa começar, consegui falar com dona Maria José, para saber se podia fazer uma confissão de última hora. É somente um reforço, disse eu, a senhora sabe, a pessoa vai andando, vai pecando. Palavras e obras, não, mas pensamentos sempre uma coisa ou outra vai escapando, disse eu, e ela ficou vermelhíssima. Então ela me levou até um padre alto que estava na sacristia e perguntou a ele se ele podia ouvir a confissão de última hora de um rapaz e eu ali me sentindo todo besta, com a fita e aquela vela na mão, mas eu queria estar garantido, com essas coisas não se brinca, e o padre era desses que vem logo querendo dar porrada, desses que puxam o queixo da pessoa e passam uns tapinhas na cara, não suporto. Ah, quer dizer que veio para a primeira comunhão e não se confessou, não é, falou ele, puxando minha fita que quase esculhamba tudo e me deu grande preocupação, porque minha mãe ia botar a culpa em mim e, se eu botasse a culpa no padre, ainda ia tomar um cachação. Não senhor, eu me confessei, é que eu estou com um problema. E então o padre foi mais simpático, me chamou para o canto e disse: qual é o problema? Raiva da mãe, disse eu para não perder tempo, porque a missa ia começar e, se eu não estivesse lá na frente, minha mãe ia se aborrecer. Por causa dessa fita e dessa vela, disse eu. Ah, disse o padre, dois padre-nossos. Achei barato naquela hora, rezei os dois padre-nossos, assisti à missa, comunguei e achei que estava tudo ótimo. É a inocência.

No segundo ano não tinha mais a fita nem a vela, foi um grande alívio, porém durou pouco, justamente porque, não tendo nem fita nem vela, sobrou mais espaço para pecados de pensamento e, além disso, a pessoa vai ficando mais velha e vai pecando mais, é a lei da vida. Felizmente nesse ano teve retiro no sábado e comunhão no domingo, de forma que a gente saía correndo da confissão e ia comungar, para não dar tempo de pecar por pensamento. Também Valdilon, que tem um irmão padre e deve saber dessas coisas, explicou que o camarada fecha os olhos, tapa os ouvidos e fica fazendo barulhos os mais altos possíveis com a boca fechada, que ressoam no ouvido e fazem aquele escarcéu etc. etc. e a pessoa vai evitando o pecado. Com treino, acho que é possível, e de fato Valdilon treinou diversos, mas eu nunca treinei porque ficava com vergonha de esperar a comunhão no meio daqueles sujeitos tudo de olho fechado, ouvido tapado e fazendo mmmnnn-mmmnnn e bzzzz-bbzzz. Mas, de qualquer maneira, essa segunda comunhão correu muito bem, porque eu comunguei em cima da confissão, saí leve, leve. Quase na certeza.

Na terceira é que foi muitíssimo pior, porque eu estava numa idade de viver pecando por pensamentos. Foi aí que eu até entendi por que o catecismo fala tanto nos pensamentos, é porque tem gente que se torna assim como eu me tornei: não faz nada, só pensa maus pensamentos, todos os tipos. Mesmo fazendo força, não adiantava nada. Era parar, era estar tendo maus pensamentos. Às vezes eu dizia assim, franzindo até a testa: não vou ter, não vou ter, sai pra lá, e cantando músicas alto — vestida de branco ela apareceu, trazendo na cinta as cores do céu, ave, ave, ave Maria — mas não resolvia: o mau pensamento zipt! Pronto. Nessa situação, era mais do que difícil uma boa comunhão, ainda mais que eu dei para achar que os outros não tinham esse problema, que era tudo obra das tentações do diabo do cão, não se podia confiar em ninguém.

E teve coisas piores nesse ano. Minha irmã ia fazer primeira comunhão e minha mãe fez uma mesa especial, muito mais especial do que a minha, que nem foi especial. Quer dizer, pecado da inveja. E depois tinha de ficar em jejum e eu quase como uma bolachinha de goma, só não comendo porque meu anjo da guarda foi forte e apareceu gente na hora de pegar a bolacha. Pecado da gula, mais sacrilégio. A madrinha de minha irmã apareceu da Bahia e eu fiquei olhando para as pernas dela: conte aí mais pecados, começando de cem. Meu pai me deu dez mil-réis e deu cinco a minha irmã e pediram para eu comprar um santinho para mim e um para ela, todos os dois com meu dinheiro e eu não gostei. Pecado da avareza e mais diversos quebrados e mistos.

Quando chegou na igreja, eu já estava suando e nesse dia não era uma questão de esquecimento na confissão, nem nada disso. Cada respirada que eu dava, tome uma pecada. A missa ia andando, ia andando e eu vendo a danação chegando, até que não aguentei mais e aproveitei que meu pai assistia à missa lá de fora fumando, e minha mãe não podia gritar comigo na igreja e então disse a meu pai que queria ter uma conversa com ele de homem para homem, se ele não ia rir. Não vou rir, disse meu pai. Pois então, pois então eu quero ficar aqui na igreja até a outra missa, possa ser a missa das nove, das dez, das onze ou de meio-dia. Quero ficar para comungar depois de confessar direito. Muito bem, disse meu pai, quando voltar traga uma garrafa de clarete único da bodega de seu Barreto e volte antes de uma hora.

Minha mãe ainda quis que eu fosse com todo mundo e ainda quis muitas conversas, mas minha irmã estava com asas de anjo e tudo e tinha a madrinha altamente grã-fina da Bahia, de forma que eu fiquei. Confessei às nove, faltando um pouco. Pequei logo na saída, quis regressar, titubeei, fiz que ia mas não ia, acabei fazendo o sinal da cruz, rezando a penitência, assistindo à missa, mas não tive coragem de comungar, porque, na hora, eu parecia uma cabeleira pendurada de piolhos de pecados, um aspecto péssimo. Voltei, confessei às dez. Achei que, se corresse para o altar de Santo André e rezasse até a hora da comunhão, ia conseguir segurar o pecado. Mas, quando fui ajoelhando no altar, veio uma onda de pensamentos de pecado e fiquei com vontade de comer um pastel com guaraná e até pensei que qualquer coisa eu dava para não estar ali e estar em outro lugar comendo um, ou dois ou três pastéis com guaraná. A missa toda eu passei pensando em comida e, quanto mais eu queria não pensar, mais eu pensava. Não comunguei, estava cada vez mais triste. Às onze, confessei rapidamente, ofereci minha fome a São Judas Tadeu e rezei cinco minutos de olhos fechados, acho que sem pecar. Mas, quando abri os olhos um minutinho, estava uma porção de moças passando lá fora para a praia e pequei, pequei, pequei! Uma fome enorme e uma vontade de chorar e então eu rezei todas as rezas que sabia e me confessei às doze horas para a missa do meio-dia e, ali ajoelhado, esperando a hora, fui sabendo que estava pecando, fui vendo aquela fieira de pecados passando por mim e até fiquei como que de fora, assistindo cinema. E nem me lembro como foi que eu me levantei e fui receber a comunhão, boiando no meio de todos aqueles pecados e, Deus me perdoe, quase tenho um engulho de arrependimento na hora da hóstia entrar em minha boca. A fome passou e acho que tive febre e até hoje não gosto de me lembrar disso, mas vivo me lembrando. Até hoje, tenho certeza de que vou para o inferno. E é só por isso que eu não quero morrer agora, porque, tirante isso, eu queria.

Brincando de doutor

Foi minha mãe quem me deu o estojo de médico. Tinha um estetoscópio, um esfigmomanômetro, uma seringa de injeção, uma daquelas lâmpadas de amarrar na cabeça que eu nunca usei, um termômetro e mais uns quatro ou cinco aparelhos, para cuja aplicação eu sempre pedia a minhas clientes que tirassem as calças. Interessante que minha mãe nunca tivesse cogitado das possibilidades de um estojo de médico. É claro que ela não sabia que a maior parte de minhas brincadeiras era de safadeza. Quem começou com este negócio não fui nem eu, foi uma vizinha, quando nós resolvemos brincar de esconder. Nós dois estávamos abaixados no socavão e aí ela passou a mão aqui por debaixo. Desse dia em diante, todo brinquedo meu passou a ser de safadeza e a melhor coisa que eu dizia era que todo mundo tinha de ver o negócio de todo mundo, assim: se você me mostrar o seu negócio, eu lhe mostro o meu negócio. Foi nessa época que eu descobri que a melhor coisa é ser especialista. Se você é generalista, pode ficar um pouco chato pedir à cliente que mostre o negócio. Se você é especialista, ela espera isso. Mas eu era muito burro e muito ignorante, nessa ocasião, para perceber essas vantagens. Não sei se você se lembra como eram as coisas em Aracaju, naquela época.

 Não sei nem se você se lembra que nós dois ficávamos conversando a respeito de meu pai e minha mãe não serem mais nem meu pai nem minha mãe e você dizendo a mesma coisa. Não sei se você se lembra que todos os dois fomos ver o negócio de Suzana e, quando ela foi mostrar à gente, sentada na escada, fungando e usando umas calçolas de cadarço, a gente olhou mas ficou com vergonha de ter olhado e você disse: bem que minha mãe falou, essa coisa suja, essa coisa imunda — você se lembra que eu peguei e ela deu risada se sacudindo toda? Você ficava falando, depois da aula de catecismo: se tem que feder assim, o melhor mesmo é ser padre. O pior das coisas das meninas, segundo Dodô, era quase que eram compostas de pelancas e coisas pendurantes e ainda exalavam, não eram uns buracos, que a gente pudesse ver que era somente um buraco e não ter complicação. Dodô dava explicações: o buraco da mulher fica no meio das pernas, por debaixo, e ela só dá para quem quer, a não ser com porrada e olhe lá.

 Dodô, aliás, quero que você se lembre da importância de Dodô para toda essa transação. Ia perguntar se você se lembrava das palestras de Dodô, quando ele fazia conferências para nós todos. Foi Dodô quem primeiro explicou — você tem visto Dodô? Você acha que ele pode ter melhorado da escoliose? Melhorou nada, aquele anão — que o menino é feito por via de o pai enfiar-se pela mãe. Isso tudo era muito chocante. Traz à memória um colega patologista amigo meu, que era patologista porque só gostava de cadáver, que olhou os espermatozoides no microscópio e disse: meu pai nunca vai acreditar nisto, ele pode ver à vontade que não acredita. E minha mãe nem consentiria em olhar no microscópio, quanto mais. Você sabe, disse esse patologista, eu vejo aqui os espermatozoides, vejo tudo o que li nos livros, mas não acredito que foi assim! Não acredito, diz esse patologista, que meu pai e minha mãe tenham ido para a cama dessa maneira. Eu devo ter sido geração espontânea.

Era a mesma coisa que no tempo de Dodô, a gente também não acreditava. Inclusive, Dodô explicava que os meninos feios vêm do fato de que, na hora de fazer esses filhos, o pai contorce a cara toda. Para fazer um menino bonito, esclarecia Dodô, é preciso que o sujeito fique com a cara bem ancha e descansada. E ele fazia uma cara dessas, para dar o exemplo. Entretanto, acrescentava que pouca gente resiste ao gozo e então faz caretas as mais medonhas. Eu mesmo, quando trepo, dizia Dodô, faço cada careta que às vezes a mulher tem medo. E a gente ficava acreditando que Dodô trepava mesmo e todos nós queríamos saber como era o gozo. O gozo, mestre, vai repuxando, repuxando — explicava Dodô — e a pessoa faz assim: ssfff, sssfff, inclusive você conhece se a mulher está gozando vendo se ela faz ssfff ou não.

Quando meu estojo de médico chegou, eu já dava algumas consultas, mas tudo muito empírico. A maioria das meninas exigia uma certa respeitabilidade, de forma que ficava difícil fazer com que elas tirassem as calças, se tudo o que você tinha era um pedaço de pau e umas folhas para servirem de instrumentos. Além de tudo, de vez em quando eu passava esse pedaço de pau com força nas barrigas das meninas e elas não gostavam. Hoje eu sei que devia ser vontade de fazer uma histerectomia, dessas radicais. Eu tenho um amigo que já fez não sei quantas, estudou comigo na Bahia. Ele diz que não, mas eu tenho certeza de que ele adora fazer uma histerectomia, eu compreendo. Eu não faço, mas compreendo. Você acredita que eu assisti a uma laparoscopia e fiquei excitadíssimo?

Eu acho ovário uma coisa linda, parece uma flor, uma espécie de tulipa, você não acha?

No começo, o consultório correu ótimo. Instalei tudo num dos dois quartos vazios do quintal e passava lá as tardes inteiras. O primeiro instrumento que eu aplicava era o estetoscópio, mas não havia graça, porque a maioria das meninas não tinha peito. O único peito que a gente via naquela época era naqueles quadros renascentistas que as revistas publicavam no Natal e, assim mesmo, só servia para a gente achar que ia para o inferno, porque a gente pensava que aquelas madonas eram mesmo Nossa Senhora. Só houve uma menina em que os peitos faziam diferença, porque os dela já tinham aquele carocinho. Eu belisquei e ela fez xixi nas calças. Eu brinco com o pessoal lá no Centro, digo que deve ser por isso que até hoje não posso ver um penico que não pense descaração. Brincadeira, brincadeira, mas você sabe que de fato existe alguma coisa num penico... Bem, não sei. A maioria das casas, naquela época, tinha penico e uma das coisas mais dantescas, durante a noite, eram os adultos mijando nos penicos, lembro que minha avó mijava muito, eu ficava arrepiado e sentia uns pingos de mijo na cara, uma coisa horrível. Meu pai mijava em pé, fazendo pontaria no penico, e bodosava tudo em redor. Uma vez, ele me pegou mijando abaixado e me esculhambou. Você se lembra que o sujeito que mijava abaixado estava desmoralizado, mesmo que fosse para não regar o quarto todo? Até hoje o velho fala nisso, geralmente quando tem visita de Aracaju.

Então meu consultório corria bem. Normalmente, eu só dava consulta às meninas, mas, quando não havia clientes à disposição, nós fazíamos outras coisas. Jofre, por exemplo, que morava na rua do Cedro, trouxe uma vez um gato para nós operarmos. Para ele operar. Na época eu não sabia disso, mas eu era o clínico e ele era o cirurgião. Em matéria de cirurgia, até hoje eu prefiro assistir, principalmente quando há uma extirpação. Não sei se você já fez uma vivissecção de ovos de gatos. Jofre era muito bom nisso. Usava uma gilete e cortou os quibas do gato mais do que rente, um trabalho perfeito. Mas a gente se recusava a simplesmente capar o gato, de forma que havia várias solenidades, nós chamávamos o gato de cliente e tudo mais. Acabamos de cortar os ovos do gato e ficamos excitadíssimos. Perguntei a Jofre se aquilo era o gozo, mas ele disse que não era. De qualquer maneira, não deixou de ser uma lição o fato de que esse gato não ficou aborrecido com a operação e sempre voltava, a gente pegava nele com a maior facilidade. Quando a gente pegava, dava uma lavagem nele, com minha seringa de injeção, que tinha uma agulha rombuda de plástico. Sempre cito isso para esses caras que fazem psicanálise com esquizofrênicos, para mim os malucos são eles. Eu acredito em bolinha, sempre acreditei em bolinha — me dê um maluco, eu lhe dou uma bolinha, é tudo um problema químico. A verdade é que este é um campo que comporta muita besteirada.

    A maioria das meninas cooperava perfeitamente. Eu sempre receitava uma injeção nas náguinas — eu dizia náguinas e até hoje acho mais bonitinho do que nádegas — e elas deixavam. Lembro perfeitamente que, quando eu descobria certas bundinhas, era uma sensação um pouco desconfortável, porque eu ficava trêmulo e não sabia distinguir entre os não sei quantos impulsos de me mexer que sentia, para a frente, para trás, para os lados, uma coisa horrível. Também ficava sem fôlego. Mas, depois da injeção nas náguinas, eu sempre reunia coragem para fazer uma espécie de exame ginecológico. Você sabe, até hoje eu não entendo como o sujeito pode ser ginecologista. Existe vocação para tudo neste mundo. É por isso que eu acredito na utilidade das perversões. Sem pervertidos, não haveria ginecologistas. Eu fazia mais por obrigação, porque, nessas brincadeiras de médico, o sujeito sempre age na base de tudo a que tem direito, parece que é uma espécie de ética da brincadeira. E depois eu não sabia mais o que fazer e ficava grandemente agoniado.

    Você nesse dia quase vai, mas acabou não indo, porque quebrou a corrente da bicicleta e seu pai não deixou você sair, mas você se lembra que eu contei a Dodô a respeito de meu grande tédio nos exames ginecológicos e aí ele me explicou, com altos ares, que tudo aquilo acontecia porque minhas pacientes eram meninas. Que com gente grande era bastante diferente e, se eu tivesse oportunidade de ver uma verdadeira xoxota, madura, no ponto, eu ficaria deslumbrado, pois não havia homem neste mundo que não se tomasse de tremores, não sentisse as partes palpitarem e não se visse atraído como por um redemoinho para aquela maravilhosa gruta do prazer. Dodô falou "gruta do prazer", eu me lembro perfeitamente disto, você veja, pensando bem, como a nossa geração era mais culta, pela metáfora se conhece a cultura. Era domingo e nós fomos para uma casa grande na rua Duque de Caxias, onde os patrões não estavam porque tinham ido à Atalaia e estava a empregada que Dodô tinha acertado. Ele esclareceu que ela gostava de meninos assim de nossa idade. Ela disse que tem vontade de morder, falou ele. Eu não me esqueço disso, fiquei com vontade de pedir que ela não me mordesse e ao mesmo tempo tive vergonha. E não era pecado isso num domingo, não, hein, rapaz? Antes de chegar em casa, tinha de passar na igreja, lavar as mãos e a boca na água benta, que é para não pegar nem beijar na mãe assim, mãe é sagrada e os dedos caem e os beiços dão lepra e é inferno certo. Bem, se eu já estava nervoso, mais nervoso fiquei quando vi a mulher, porque ela nos levou para um quarto que parecia uma garagem e ficou fungando meu pescoço e passando a mão em mim. Dodô contou a história dos meus exames médicos. Ela aí deu risada e falou meu mediquinho, você é meu doutorzinho, quer fazer zamezinho na sua doentinha. Nessa hora ela rolou na cama, me puxando, mas as mãos dela escorregaram em minha nuca e eu fiquei sentado, de maneira que, quando ela caiu para trás, abriu as pernas e eu vi lá dentro. Lembro perfeitissimamente que era uma calçola meio marrom clarinho e eu não tive certeza de se era marrom claro ou branco encardido e bem no meio, garanto a você, havia uma mancha escura, como se estivesse molhado. Fiquei todo arrepiado, inclusive porque o meio das pernas dela e o jogo de sombras lá dentro me lembraram os desenhos do inferno, de uma edição da *Divina Comédia* que meu pai tinha. Eu pensei assim: e se, neste domingo, eu estiver indo para o inferno? Mas não disse nem fiz nada, fiquei ali na beira da cama, até que ela, depois de botar todos os balangandãs de Dodô, com tudo, na boca por um instante, se sacudiu para fora do vestido, como se estivesse explodindo. Eu vi Dodô nu, igual a um passarinho pelado, e logo depois só pude olhar a mulher, que ficou com os peitos enormes e de bicos pretos, bicos como lanças para fora balançando. Examine aqui, disse ela, e baixou as calçolas logo depois que desamarrou o cadarço. Você acredita que eu acho que tive febre naquela hora? E nisso está Dodô sem calça, no canto do quarto, tiritando, uma coisa esquisitíssima. Achei que notei uma espécie de língua no meio dos cabelos da mulher, na parte de baixo, e ela então caiu de costas na cama com as pernas abertas e — você sabe o que é um sujeito apavorado? Quer dizer, você tem alguma ideia de um cara em pânico? Quando eu vi aquilo, rapaz, e pareceu que subiu um cheiro, não tinha quem me fizesse chegar perto. Ela foi falando sobre o exame que eu tinha de fazer nela e eu fui ficando com medo, ficando com medo, que só me lembro ter descido correndo a Duque de Caxias, sem olhar para trás.

 Acho que tive um certo trauma com isso. Até mesmo o consultório eu converti numa espécie de clínica veterinária, embora nunca tivéssemos tido um gato que concordasse tanto em ser capado e tomar lavagens quanto aquele. Por aí você pode ver como realmente os acontecimentos determinam as vocações. Sempre dizem que eu fui ser médico para satisfazer minha mãe, mas não é verdade, ela queria que eu fosse pediatra e acho tanto pediatras quanto geriatras uns anormais, uns cronoinvertidos. Não, não, se eu não fosse psiquiatra, eu seria proctologista. Mas não aqui em Aracaju.

O santo que não acreditava em Deus

Temos várias espécies de peixe neste mundo, havendo o peixe que come lama, o peixe que come baratas do molhado, o peixe que vive tomando sopa fazendo chupações na água, o peixe que, quando vê a fêmea grávida pondo ovos, não pode se conter e com agitações do rabo lava a água de esporras a torto e a direito ficando a água leitosa, temos o peixe que persegue os metais brilhantes, umas cavalas que pulam para fora bem como tainhas, umas corvinas quase que atômicas, temos por exemplo o niquim, conhecido por todas as orlas do Recôncavo, o qual peixe não somente fuma cigarros e cigarrilhas, preferindo a tálvis e o continental sem filtro, hoje em falta, mas também ferreia pior do que uma arraia a pessoa que futuca suas partes, rendendo febre e calafrios, porventura caganeiras, mormente frios e tantas coisas, temos os peixes tiburones e cações, que nunca podem parar de nadar para não morrer afogados.

É engraçado que eu entenda tanto de peixe e quase não pegue, mas entendo. Os peixes miúdos de moqueca são: o carapicu, o garapau, o chicharro e a sardinha. Entremeados, podemos ferrar o baiacu e o barriga-me-dói, o qual o primeiro é venenoso e o segundo causa bostas soltas e cólicas. De uma ponte igual a essa, que já foi bastante melhor, podemos esperar também peixes de mais de palmo, porém menos de dois, que por aqui passam, dependendo do que diz o rei dos peixes, dependendo de uma coisa e outra. Um budião, um cabeçudo, um frade, um barbeiro. Pode ser um robalo ou uma agulha ou ainda uma moreia, isto dificilmente. O bom da pesca do peixe miúdo é quando estão mordendo verdadeiramente e sentamos na rampa ou então vamos esfriando as virilhas nestas águas de agosto e ficamos satisfeitos com aquela expedição de pescaria e nada mais desejamos da vida. Ou quando estamos como assim nesta canoa, porém nada mordendo, somente carrapatos. Nesses peixes miúdos de moqueca, esquecia eu de mencionar o carrapato, que não aparece muito a não ser em certas épocas, devendo ter recebido o nome de carrapato justamente por ser uma completa infernação, como os carrapatos do ar. Notadamente porque esse peixe carrapato tem a boca mais do que descomunal para o tamanho, de modo que botamos um anzol para peixes mais fundos, digamos um vermelho, um olho-de-boi, um peixe-tapa, uma coisa decente, quando que me vem lá de baixo, parecendo uma borboletinha pendurada na ponta da linha, um carrapato. Revolta a pessoa. E estou eu colocando uma linha de náilon que me veio de Salvador por intermédio de Luiz Cuiúba, que me traz essa linha verde e grossa, com dois chumbos de cunha e anzóis presos por uma espécie de rosca de arame, linha esta que não me dá confiança, agora se vendo que é especializada em carrapatos. Mas temos uma vazante despreocupada, vem aí setembro com suas arraias no céu e, com esses dois punhados de camarão miúdo que Sete Ratos me deu, eu amarro a canoa nos restos da torre de petróleo e solto a linha pelos bordos, que não vou me dar ao desfrute de rodar essa linha esquisita por cima da cabeça como é o certo, pode ser que alguém me veja. Daqui diviso os fundos da Matriz e uns meninos como formiguinhas escorregando nas areias descarregadas pelos saveiros, mas o barulho deles chega a mim depois da vista e assim os gritos deles parecem uns rabos compridos.

Temos uma carteira quase cheia de cigarros; uma moringa, fresca, fresca; meia quartinha de batida de limão; estamos sem cueca; a água, se não fosse a correnteza da vazante, era mesmo um espelho; não falta nada e então botamos o chapéu um pouco em cima do nariz, ajeitamos o corpo na popa, enrolamos a linha no tornozelo e quedamos, pensando na vida.

Nisso começa o carrapato, que no princípio tive na conta de baiacus ladrões. Quem está com dois anzóis dos grandes, pegou isca de graça e a mulher já mariscou a comida do meio-dia pode ser imaginado que não vai dar importância a beliscão leve na linha. Nem leve nem pesado. Se quiser ferrar, ferre, se não quiser não ferre. Isso toda vez eu penso, como todo mundo que tem juízo, mas não tem esse santo que consiga ficar com aqueles puxavantes no apeador sem se mexer e tomar uma providência. Estamos sabendo: é um desgraçado de um baiacu. Se for, havendo ele dado todo esse trabalho, procuraremos arrancar o anzol que o miserável engole e estropia e trataremos de coçar a barriga dele e, quando inchar, dar-lhe um pipoco, pisando com o calcanhar. Mas como de fato não é um baiacu, mas um carrapato subdesenvolvido, um carrapatinho de merda, com mais boca do que qualquer outra coisa, boca essa assoberbando um belo anzol preparado pelo menos para um dentão, não se pode fazer nada. Um carrapato desses a pessoa come com uma exclusiva dentada com muito espaço de sobra, se valesse a pena gastar fogo com um infeliz desses. Vai daí, carrapato na poça d'água do fundo da canoa e, dessa hora em diante, um carrapato por segundo mordendo o anzol, uma azucrinação completa. Foi ficando aquela pilha de carrapatinhos no fundo da canoa e eu pensei que então não era eu quem ia aparecer com eles em casa, porque com certeza iam perguntar se eu tinha catado as costas de um jegue velho e nem gato ia querer comer aquilo. Pode ser que essa linha de Cuiuba tenha especialidade mesmo em carrapato, pode ser qualquer coisa, mas chega a falta de vergonha ficar aqui fisgando esses carrapatos, de maneira que só podemos abrir essa quartinha, retirar o anzol da água, verificar se vale a pena remar até o pesqueiro de Paparrão nesta soalheira, pensar que pressa é essa que o mundo não vai acabar, e ficar mamando na quartinha, viva a fruta limão, que é curativa. Nisto que o silêncio aumenta e, pelo lado, eu sinto que tem alguma coisa em pé pelas biribas da torre velha e eu não tinha visto nada antes, não podendo também ser da aguardente, pois que muito mal tomei dois goles. Ele estava segurando uma biriba coberta de ostras com a mão direita, em pé numa escora, com as calças arregaçadas, um chapéu velho e um suspensório por cima da camisa.

— Ai égua! — disse eu. — Veio nadando e está enxuto?

— Eu não vim nadando — disse ele. — Muito peixe?

— Carrapato miúdo.

— Olhe ali — disse ele, mostrando um rebrilho na água mais para o lado da Ilha do Medo. — Peixe.

Ora, uma manta de azeiteiras vem vindo bendodela, costeando o perau. É conhecida porque quebra a água numa porção de pedacinhos pela flor e aquilo vai igual a muitas lâminas, bordejando e brilhando. Mas dessas azeiteiras, como as peixas chamadas solteiras, não se pode esperar que mordam anzol, nem mesmo morram de bomba.

— Azeiteira — disse eu. — Só mesmo uma bela rede. E mais canoa e mais braço.

— Mas elas ficam pulando — disse ele, que tinha um sorriso entusiasmado, possivelmente porque era difícil não perceber que a água em cima como que era o aço de um espelho, só que aço mole como o do termômetro, e então cada peixe que subia era um orador. Aí eu disse, meu compadre, se vosmecê botar um anzol e uma dessas meninas gordurentas morder esse tal anzol, eu dou uma festa para você no hotel — ainda que mal pergunte, como é a sua graça?

Assim levamos um certo tempo, porque ele se encabulou, me afirmando que não apreciava mentir, razão por que preferia não se apresentar, mas eu disse que não botava na minha canoa aquele de quem não saiba o nome e então ficasse ele ali o resto da manhã, a tarde e a noite pendurado nas biribas, esperando Deus dar bom tempo. Mas que coisa interessante, disse ele dando um suspiro, isso que você falou.

— É o seguinte — disse ele, dando outro suspiro. — É porque eu sou Deus.

Ora, ora me veja-me. Mas foi o que ele disse e os carrapatinhos, que já gostam de fazer corrote-corrote com a garganta quando a gente tira a linha da água, ficaram muitíssimo assanhados.

— É mais o seguinte — continuou ele, com a expressão de quem está um pouco enfadado. — Está vendo aqui? Não tem nada. Está vendo alguma coisa aqui? Nada! Muito bem, daqui eu vou tirar uma porção de linhas e jogar no meio dessas azeiteiras.

E dito e feito, mais ligeiro que o trovão, botou os braços para cima e tome tudo quanto foi tipo de linha saindo pelos dedos dele, parecia um arco-íris. Ele aí ficou todo monarca, olhando para mim com a cara de quem eu não sou nem principiante em peixe e pesca. Mas o que aconteceu? Aconteceu que, na mesma hora, cada um dos anzóis que ele botou foi mordido por um carrapato e, quando ele puxou, foi aquela carrapatada no meio da canoa. Eu fiz: quá-quá-quá, não está vendo tu que temos somente carrapatos?

Carrapato, carrapato, disse eu, está vendo a cara do besta? Ele, porém, se retou.

— Não se abra, não — disse ele —, que eu mando o peixe lhe dar porrada.

— Porrada dada, porrada respostada — disse eu.

Para que eu disse isto, amigo, porque me saiu um mero que não tinha mais medida, saiu esse mero de junto assim da biriba, dando um pulo como somente cavacos dão e me passou uma rabanada na cara que minha cara ficou vermelha dois dias depois disto.

— Donde saiu essa, sai mais uma grosa! — disse ele dando risada, e o mero ficou a umas três braças da canoa, mostrando as gengivas com uma cara de puxa-saco. — Não procure presepada, não — disse ele. — Senão eu mando dar um banho na sua cara.

— Mande seu banho — disse eu, que às vezes penso que não tenho inteligência.

Pois não é que ele mandou esse banho, tendo saído uma onda da parte da Ponta de Nossa Senhora, curvando como uma alface aborrecida a ponta da coroa, a qual onda deu tamanha porrada na canoa que fiquemos flutuando no ar vários momentos.

— Então? — disse ele. — Eu sou Deus e estou aqui para tomar um par de providências, sabe vosmecê onde fica a feira de Maragogipe?

— Qual é feira de Maragogipe nem feira de Gogiperama — disse eu, muito mais do que emputecido, e fui caindo de pau no elemento, nisso que ele se vira num verdadeiro azougue e me desce mais que quatrocentos sopapos bem medidos, equivalentemente a um catavento endoidado e, cada vez que eu levantava, nessa cada vez eu tomava uma porrada encaixada. Terminou nós caindo das nuvens, não sei qual com mais poeira em torno da garupa. Ele, no meio da queda, me deu uns dois tabefes e me disse: está convertido, convencido, inteirado, percebido, assimilado, esclarecido, explicado, destrinchado, compreendido, filho de uma puta? E eu disse sim senhor, Deus é mais.

Pare de falar em mim, sacaneta, disse ele, senão lhe quebro todo de porrada. Reze aí um padre-nosso antes que eu me aborreça, disse ele. Cale essa matraca, disse ele.

Então eu fui me convencendo, mesmo porque ele não estava com essas paciências todas, embora se estivesse vendo que ele era boa pessoa. Esclareceu que, se quisesse, podia andar em cima do mar, mas era por demais escandaloso esse comportamento, podendo chamar a atenção. Que qualquer coisa que ele resolvesse fazer ele fazia e que eu não me fizesse de besta e que, se ele quisesse, transformava aqueles carrapatos todos em lindos robalos frescos. No que eu me queixei que dali para Maragogipe era um bom pedaço e que era mais fácil um boto aparecer para puxar a gente do que a gente conseguir chegar lá antes que a feira acabasse e aí ele mete dois dedos dentro da água e a canoa sai parecendo uma lancha da Marinha, ciscando por cima dos rasos e empinando a proa como se fosse coisa, homem ora. Achei falta de educação não oferecer um pouco do da quartinha, mas ele disse que não estava com vontade de beber.

Nisso vamos chegando muito rapidamente a Maragogipe e Deus puxa a poita desparramando muitos carrapatos pelos lados e fazendo a alegria dos siris que por ali pastejam e sai como que nem um peixe-voador. No meio do caminho, ele passa bastante desencalmado e salva duas almas com um toque só, uma coisa de relepada como somente quem tem muita prática consegue fazer, vem com a experiência. Porque ele nem estava olhando para essas duas almas, mas na passagem deu um toque na orelha de cada uma e as duas saíram voando ali mesmo, igual aos martins depois do mergulho. Mas aí ele ficou sem saber para onde ia, na beira da feira, e então eu cheguei perto dele.

— Tem um rapaz aqui — disse Deus, coçando a gaforinha meio sem jeito — que eu preciso ver.

— Mas por que vosmecê não faz um milagre e não acha logo essa pessoa? — perguntei eu, usando o vosmecê, porque não ia chamar Deus de você, mas também não queria passar por besta se ele não fosse.

— Não suporto fazer milagre — disse ele. — Não sou mágico. E, em vez de me ajudar, por que é que fica aí falando besteira?

Nessa hora eu quase ia me aborrecendo, mas uma coisa fez que eu não mandasse ele para algum lugar, por falar dessa maneira sem educação. É que, sendo ele Deus, a pessoa tem de respeitar. Minto: três coisas, duas além dessa. A segunda é que pensei que ele, sendo carpina por profissão, não estava acostumado a finuras, o carpina no geral não alimenta muita conversa nem gosta de relambórios. A terceira coisa é que, justamente por essa profissão e acho que pela extração dele mesmo, ele era bastante desenvolvidozinho, aliás, bem dizendo, um pau de homem enormíssimo, e quem era que estava esquecendo aquela chuva de sopapos e de repente ele me amaldiçoa feito a figueira e eu saio por aí de perna peca no mínimo, então vamos tratar ele bem, quem se incomoda com essas bobagens? Indaguei com grande gentileza como é que eu ia ajudar que ele achasse essa bendita dessa criatura que ele estava procurando logo na feira de Maragogipe, no meio dos cajus e das rapaduras, que ele me desculpasse, mas que pelo menos me dissesse o nome do homem e a finalidade da procura. Ele me olhou assim na cara, fez até quase que um sorriso e me explicou que ia contar tudo a mim, porque sentia que eu era um homem direito, embora mais cachaceiro do que pescador. Em outro caso, ele podia pedir segredo, mas em meu caso ele sabia que não adiantava e não queria me obrigar a fazer promessa vã. Que então, se eu quisesse, que contasse a todo mundo, que ninguém ia acreditar de qualquer jeito, de forma que tanto faz como tanto fez. E que escutasse tudo direito e entendesse de uma vez logo tudo, para ele não ter de repetir e não se aborrecer. Mas Deus, ah, você não sabe de nada, meu amigo, a situação de Deus não está boa. Você imagine como já é difícil ser santo, imagine ser Deus. Depois que eu fiz tudo isto aqui, todo mundo quer que eu resolva os problemas todos, mas a questão é que eu já ensinei como é que resolve e quem tem de resolver é vocês, senão, se fosse para eu resolver, que graça tinha? É homens ou não são? Se fosse para ser anjo, eu tinha feito todo mundo logo anjo, em vez de procurar tanta chateação com vocês, que eu entrego tudo de mão beijada e vocês aprontam a pior melança. Mas, não: fiz homem, fiz mulher, fiz menino, entreguei o destino: está aqui, vão em frente, tudo com liberdade. Aí fica formada por vocês mesmos a pior das situações, com todo mundo passando fome sem necessidade e cada qual mais ordinário do que o outro, e aí o culpado sou eu? Inclusive, toda hora ainda tenho de suportar ouvir conselhos: se eu fosse Deus, eu fazia isto, se eu fosse Deus, eu fazia aquilo. Deus não existe porque essa injustiça e essa outra e eu planejava isso tudo muito melhor e por aí vai. Agora, você veja que quem fala assim é um pessoal que não acerta nem a resolver um problema de uma tabela de campeonato, eu sei porque estou cansado de escutar rezas de futebol, costumo mandar desligar o canal, só em certos casos não. Todo dia eu digo: chega, não me meto mais. Mas fico com pena, vou passando a mão pela cabeça, pai é pai, essas coisas. Agora, milagre só em último caso. Tinha graça eu sair fazendo milagres, aliás tem muitos que me arrependo por causa da propaganda besta que fazem, porque senão eu armava logo um milagre grande e todo mundo virava anjo e ia para o céu, mas eu não vou dar essa moleza, está todo mundo querendo moleza. A dar essa moleza, eu vou e descrio logo tudo e pronto e ninguém fica criado, ninguém tem alma, pensamento nem vontade, fico só eu sozinho por aí no meio das estrelas me distraindo, aliás tenho sentido muita falta. É porque eu não posso me aporrinhar assim, tenho que ter paciência. Senão, disse ele, senão... e fez uma menção que ia dar um murro com uma mão na palma da outra e eu aqui só torcendo para que ele não desse, porque, se ele desse, o mínimo que ia suceder era a refinaria de Mataripe pipocar pelos ares, mas felizmente ele não deu, graças a Deus.

Então, explicou Deus, eu vivo procurando um santo aqui, um santo ali, parecendo até que sou eu quem estou precisando de ajuda, mas não sou eu, é vocês, mas tudo bem. Agora, é preciso que você me entenda: o santo é o que faz alguma coisa pelos outros, porque somente fazendo pelos outros é que se faz por si, ao contrário do que se pensa muito por aí. Graças a mim que de vez em quando aparece um santo, porque senão eu ia pensar que tinha errado nos cálculos todos. Fazer por si é o seguinte: é não me envergonhar de ter feito vocês igual a mim, é só o que eu peço, é pouco, é ou não é? Então quem colabora para arrumar essa situação eu tenho em grande apreço. Agora, sem milagre. Esse negócio de milagre é coisa para a providência, é negócio de emergência, uma correçãozinha que a gente dá. Esse pessoal não entende que, toda vez que eu faço um milagre, tem de reajustar tudo, é uma trabalheira que não acaba, a pessoa se afadiga. Buliu aqui, tem de bulir ali, é um inferno, com perdão da má palavra. O santo anda dificílimo. Quando eu acho um, boto as mãos para o céu.

    Tendo eu perguntado como é que ele botava as mãos para o céu e tendo ele respondido que eu não entendia nada de Santíssima Trindade e calasse minha boca, esclareceu que estava procurando um certo Quinca, conhecido como Das Mulas, que por ali trabalhava. Mas como esse Quinca, perguntei, não pode ser o mesmo Quinca! Pois esse Quinca era chamado Das Mulas justamente por viver entre burros e mulas e antigamente podendo ter sido um rapaz rico, mas havendo dado tudo aos outros e passando o tempo causando perturbação, ensinando besteiras e fazendo questão de dar uma mão a todos que ele dizia que eram boas pessoas, sendo estas boas pessoas dele todas desqualificadas. Porém ninguém fazia nada com ele porque o povo gostava muito dele e, quando ele falava, todo mundo escutava. Além de tudo, gastava tudo com os outros e vivia dando risadas e tomava poucos banhos e era um homem desaforado e bebia bastante cana, se bem que só nas horas que escolhia, nunca em outras. E, para terminar, todo mundo sabia que ele não acreditava em Deus, inclusive brigava bastante com o padre Manuel, que é uma pessoa distintíssima e sempre releva.

    — Eu sei — respondeu Deus. — Isto é mais uma dificuldade.

E, de fato, fomos vendo que a vida de Deus e dos santos é muito dificultosa desde aí, porque tivemos de catar toda a feira atrás desse Quinca e sempre onde a gente passava ele já tinha passado. Ele foi encontrado numa barraca, falando coisas que a mulher de Lóide, aquela outra santa, fingia que achava besteira, mas estava se convencendo e então eu vi que aquilo ia acabar dando problema. Olha aí, mostrei eu, ele ali causando divergência. É isso mesmo, disse Deus com olhar de grande satisfação, certa feita eu também disse que tinha vindo separar homem e mulher. Não quero nem saber, me apresente. E então tivemos um belo dia, porque depois da apresentação parece que Quinca já tinha tomado algumas e fomos comer um sarapatel, tudo na maior camaradagem, porque estava se vendo que Quinca tinha gostado de Deus e Deus tinha gostado dele, de maneira que ficaram logo muitíssimo amigos e foi uma conversa animada que até às vezes eu ficava meio de fora, eles tinham muita coisa a palestrar. Nisso tome sarapatel até as três e todo mundo já de barriga altamente estufada, quando que Quinca me resolve tomar uma saideira com Deus e essa saideira é nada mais nada menos do que na casa de Adalberta, a qual tem mulheres putas. Nessa hora, minha obrigação, porque estou vendo que Deus está muito distraído e possa ser que não esteja acostumado com essas aguardentes de Santo Amaro que ele tomou mais de uma vintena, é alertar. Chamei assim Deus para o canto da barraca enquanto Quinca urinava e disse olhe, você é novo por aqui, pelo menos só conhecíamos de missa, de maneira que essa Adalberta, não sei se você sabe, é cafetina, não deve ficar bem, não tenho nada com isso, mas não custa um amigo avisar. Ora, rapaz, você tem medo de mulher, disse Deus, que estava mais do que felicíssimo e, se não fosse Deus, eu até achava que era um pouco do efeito da bebida. Mas, se é ele que fala assim, não sou eu que falo assado, vá ver que temos lá alguma rapariga chamada Madalena, resolvi seguir e não perguntar mais nada.

Pois tomaram mais e fizeram muito grande sucesso com as mulheres e era uma risadaria, uma coisa mesmo desproporcionada, havendo mesmo um serviço de molho pardo depois das seis, que a fome apertou de novo, e bastantes músicas. Cada refrão que Quinca mandava, cada refrão Deus repicava, estava uma farra lindíssima, porém sem maldade, e Deus sabia mais sambas de roda que qualquer pessoa, leu mãos, recitou, contou passagens, imitou passarinho com perfeição, tirou versos, ficou logo estimadíssimo. Eu, que estava de reboque bebendo de graça e já tinha aprendido que era melhor ficar calado, pude ver com o rabo do olho que ele estava fazendo uns milagres disfarçados, a mim ele não engana. As mulheres todas parece que melhoraram de beleza, o ambiente ficou de uma grande leveza, a cerveja parecia que tinha saído do congelador porém sem empedrar e, certeza eu tenho mas não posso provar, pelo menos umas duas blenorragias ele deve de ter curado, só pelo olhar de simpatia que ele dava. E tivemos assim belas trocas de palavras e já era mais do que 11 quando Quinca convidou Deus para ver as mulas e foram vendo mulas que parecia que Deus, antes de fazer o mundo, tinha sido tropeiro. E só essa tropica e essa não tropica, essa empaca e essa não empaca, essa tem a andadura rija, essa pisa pesado, essa está velha, um congresso de muleiros, essa é que é a verdade.

 É assim que vemos a injustiça, porque, a estas alturas, eu já estou sabendo que Deus veio chamar Quinca para santo e que dava um trabalho mais do que lascado, só o que ele teve de estudar sobre mulas e decorar de sambas de roda deve ter sido uma esfrega. Mas eu já estava esperando que, de uma hora para outra, Deus desse o recado para esse Quinca das Mulas. Como de fato, numa hora que a conversa parou e Quinca estava só estalando a língua da cachaça e olhando para o espaço, Deus, como quem não quer nada, puxou a prosa de que era Deus e tal e coisa.

 Ah, para quê? Para Quinca dizer que não acreditava em Deus. E para Deus, no começo com muita paciência, dizer que era Deus mesmo e que provava. Fez uns dois milagres só de efeito, mas Quinca disse que eram truques e que, acima de tudo, o homem era homem e, se precisasse de milagre, não era homem. Deus, por uma questão de honestidade, embora o coração pedisse contra nessa hora, concordou. Então ande logo por cima da água e não me abuse, disse Quinca. E eu só preocupado com a falta de paciência de Deus, porque, se ele se aborrecesse, eu queria pelo menos estar em Valença, não aqui nesta hora. Mas ele só patati-patatá, que porque ser santo era ótimo, que tinha sacrifícios mas também tinha recompensas, que deixasse daquela besteira de Deus não existir, só faltou prometer dez por cento. Mas Quinca negaceava e a coisa foi ficando preta e os dois foram andando para fora, num particular e, de repente, se desentenderam. Eu, que fiquei sentado longe, só ouvia os gritos, meio dispersados pelo vento.

— Você tem que ser santo, seu desgraçado! — gritava Deus.
— Faz-se de besta! — dizia Quinca.

E só quebrando porrada, pelo barulho, e eu achando que, se Deus não ganhasse na conversa, pelo menos ganhava na porrada, eu já conhecia. Mas não era coisa fácil. De volta de meia-noite e meia até umas quatro, só se ouvia aquele cacete: deixe de ser burro, infeliz! Cale essa boca, mentiroso! E por aí ia. Eu só sei que, umas cinco horas mais ou menos, com Gerdásia do mercado trazendo um mingau do que ela ia vender na praça e fazendo a caridade de dar um pouco para mim e para Deus, por sinal que ele toma mingau como se fosse acabar amanhã e não tivesse mais tempo, os dois resolveram apertar a mão, porém não resolveram mais nada: nem Deus desistia de chamar Quinca para o cargo de santo, nem Quinca queria aceitar esse cargo.

— Muito bem — disse Deus, depois de uma porção de vezes que todo mundo dizia que já ia, mas enganchava num resto de conversa e regressava. — Eu volto aqui outra vez.

— Voltar, pode voltar, terá comida e bebida — disse Quinca. — Mas não vai me convencer!

— Rapaz, deixe de ser que nem suas mulas!
— Posso ser mula, mas não tenho cara de jegue!

E aí mais pau, mas, quando o dia já estava moço, aí por umas seis ou sete horas da manhã, estamos Deus e eu navegando de volta para Itaparica, nenhum dos dois falando nada, ele porque fracassou na missão e eu porque não gosto de ver um amigo derrotado. Mas, na hora que nós vamos passando pelas encostas do Forte, quase nos esquecendo da vida pela beleza, ele me olhou com grande simpatia e disse: fracasso nada, rapaz. Não falei nada, disse eu. Mas sentiu, disse ele. Se incomode não, disse ele, nem toda pesca rende peixes. E então ficou azul, esvoaçou, subiu nos ares e desapareceu no céu.

O artista que veio aqui dançar com as moças

Não é que o povo aqui não aprecie valsas ao luar, mas em matéria de bailes a verdade é que temos pouca experiência. Pode ser até que tenha bailes no clube francês que agora fizeram em Amoreiras, que é um clube importantíssimo e finíssimo, tanto assim que não deixa nenhum de nós entrar. Mas não acredito e diz o povo que o que tem lá mesmo é bastantes velhas francesas com os peitos de fora, mas ninguém sabe direito, a praia é fechada, o francês é assim mesmo, que é que se vai fazer. Não que todo itaparicano esteja conformado com a situação, inclusive um povo que já botou tanta gente para fora daqui e quando os franceses invadiram em Salvador eles não tiveram nem coragem de vir aqui porque já sabiam, por informação dos holandeses, da fama do povo daqui. Mas dizem que é uma coisa muito boa, que traz muito dinheiro para todos etc., se bem que esse todos daí deve ser todos os franceses, porque aqui ninguém está vendo dinheiro, antes pelo contrário. Bem, é coisa do governo, que o que mais tem ultimamente aqui é governo, só cagando regra a torto e a direito e metendo a mão até no sobrado de Zé de Neco, que eles esculhambaram todo e Zé ficou puto, mas não adiantou nada. Estamos esperando que seja proibido passear no cais, porque até os cachorros da ilha eles já mataram dando estricnina, porque acho que ficava feio para as turistas e turistos verem os cachorros engatados, ora homecreia, como se o povo que mais galinhasse no mundo não fosse o francês. É de se crer que o itaparicano já não tem mais a fibra do tempo dos heróis — deve ser muita mestiçagem com baianos de Salvador e negros de partes ruins da África, que os daqui vieram somente das partes melhores, todo mundo sabe disso.

Então, se já não tinha bailes antes, quando a grã-finagem toda veraneava aqui e as moças iam esperar o navio de sapato alto, imagine bailes agora. O que tem é um bate-barriga aqui e ali, uma coisa muito da esculhambada, sem nem a animação que havia no tempo do finado Nascimento da clarineta e Almerindo do trombone, também finado, que esses eram músicos superiores, hoje em dia ninguém sopra daquela forma e, no concurso das filarmônicas, conta quem esteve lá que o sol parou diversos minutos para não perder os solos deles. Para não falar no trompete de Pititinga, que não tinha clima aqui para um artista como ele e ele hoje está em Salvador, trabalhando nos melhores cabarés, é só perguntar na boemia que todo mundo conhece e admira. Se fosse francês ou carioca, já estava em todas as revistas, é isso mesmo.

Então houve grande surpresa aqui, quando se anunciou que ia ter um riquíssimo baile das debutantes e que vinha um artista da televisão para dançar com as debutantes, havendo primeiro grande debate na praça que o governo botou o nome de centro histórico mas o povo só chama de praça mesmo, sobre o que era debutantes. A maioria pensou que era filhas de deputados, embora não tenha nenhum deputado itaparicano e muito mal vereadores daqui mesmo, precisando que doutor Bertinho Borba interrompesse o jogo de dominó para explicar e, inclusive, falar francês, que doutor Bertinho fala o que aparecer, até nagô ele fala. Sim, quer dizer então que as moças da cidade vão vestir belos vestidos de baile e vão convidar esse famoso artista da novela para a festa, ora veja onde estamos. Doutor Bertinho porém esclarece que o famoso artista cobra uma certa quantidade de dinheiro para vir dançar com as moças e, quando doutor Bertinho diz mais ou menos quanto é essa quantia, há grande espanto, susto e queixo caído entre todos os presentes. Com esse dinheiro, qualquer um aqui comprava logo o Forte de São Lourenço na mão da Marinha, com canhão e tudo, ou senão adquiria umas vinte casas no alto de Santo Antônio e ia viver de renda a vida toda. Mas doutor Bertinho diz que isso é até barato para esse artista e que ele fez esse preço porque sabia que era tudo moças pobres do interior, mas por esse preço ele nem dormia na cidade, tinha de ter transporte para ele voltar assim que acabasse de dançar com a última das 42.

Essa conversa despertou muitas indagações, porque, por mais que se contasse, ninguém atinava com nem 12 debutantes na ilha, quanto mais 42, só se as velhas fossem debutar também, para aproveitar e dançar com o artista. E, além disso, se juntasse o povo todo daqui, virasse de cabeça para baixo e sacudisse, não ia sair nem um espirro do dinheiro para pagar o artista, que é que estamos pensando. No dia em que siri, peguari e papa-fumo forem dinheiro, então teremos dinheiro, por enquanto temos só os siris e olhe lá, muitos os despejos já mataram. Se fosse pedir no comércio, já estou vendo o que ia acontecer, porque o comércio depende do dinheiro do povo e, nesse caso, a bom santo ele se encomenda. Walter ia dar um esporro e pedir a concessão para vender refrigerantes no baile, a uns 40 contos a garrafa, por aí. Orlando ia dar outro esporro e xingar a Cobal, o governo, a Navegação Baiana e a mãe de quem não gostasse. Joaquim da loja ia dar uma caixa de sabonete para a mais bela debutante. E, no mais, o que temos é os vendedores de peixe do mercado, o bar que era de Waldemar e os portugueses do Balneário, quer dizer, tudo somado, meio derréis de mel coado.

Mas doutor Bertinho, a esta altura mais do que animado com certas vitórias no dominó e com certas canjebrinas que ele toma enquanto joga, mostrou o valor do itaparicano, neste caso mais justamente da itaparicana, porque, se Ana Nery e Maria Quitéria não foram itaparicanas, Maria Felipa foi e, para quantas mulheres heroicas de outros lugares você chamar, eu chamo Maria Felipa e ainda dou frente. Aliás, não conto casos de Maria Felipa porque não quero diminuir as mulheres dos outros lugares e você veja a diferença: Joana Angélica ficou na frente dos portugueses no convento e os portugueses trespassaram ela com baionetas. Maria Felipa, não. Se fosse Maria Felipa, ela saía no tapa, aliás cansou de descer a porrada nos portugueses quando eles estavam aqui oprimindo, então não era ela que ia ser trespassada por baionetas, ainda mais de portugueses. E esse o caso de Edelzuíta, conhecida como Dezinha, uma moça daqui da ilha que é a mais nova de sete irmãos e irmãs e pode não ser bonita, mas tudo mais ela tem. Foi oradora da turma do ginásio. Ajuda a mãe e não aporrinha nem envergonha o pai. É conhecida como de juízo e não é dessas que a gente vê pelos cantos do Bulevar, comendo banana-d'água. Sempre foi inteligentíssima. Quando telefonou para o programa de rádio da Rádio Clube, o homem da rádio falou mais de cinco minutos com ela e disse que, pela inteligência, ele dava a ela direito de escolher não uma mas três músicas. Sabe falar carioca uma perfeição e, quando os cariocas estão aqui no verão e falam com ela, todos pensam que ela já morou no Rio de Janeiro pelo menos, que aliás ela não conhece mas sabe todas as ruas, principalmente as que moram os artistas. Os cadernos dela até hoje a mãe guarda, todos com decalcomanias, um capricho que faz gosto ver. Geografia, ela não erra uma capital, pode ser onde seja, que ela sabe. O tempero dela diz a mãe que é melhor do que o dela, principalmente na comida de peixe. E por aí vai, uma menina que faz orgulho, nesses tempos de hoje que quase só temos vagabundas, até desodorante de xoxota hoje em dia tem, é só o que elas pensam.

Doutor Bertinho explicou que esse artista Dezinha tinha certeza de que, se ele conhecesse ela, não ia deixar de ficar cativado, mesmo porque, até na novela, ele vivia procurando uma moça de juízo que tivesse prendas e não achava, porque no Rio isto é muito difícil, com as mulheres todas somente se preocupando em mostrar o rabo e ir para as boates. E, então, ela se movimentou e conseguiu fazer o negócio todo, inclusive o pai dela, que é aposentado da Navegação Baiana e tem um sobrinho postiço trabalhando lá, arranjou que mandassem um navio no dia da festa, para trazer o povo de Peri-Peri. O povo de Peri-Peri é porque em Itaparica não tinha dinheiro para pagar o artista e o clube de Peri-Peri estava em obras, de forma que juntaram as duas festas de debutantes aqui no Iate Clube, que dizem que hoje é cassino mas que ainda abre para essas coisas para disfarçar. Itaparica entra com o Iate Clube e o navio, Peri-Peri entra com o resto das debutantes, o artista e mais umas coisas. De forma que temos aqui um baile completo, ajudado por Ronaldo Roland, de uma rádio de Salvador, que hoje é Ronaldo Roland, mas aqui na ilha era Feliciano do Alto e hoje subiu muito na vida, hoje só chega aqui de carro.

Teve emoções muito fortes, aqui na ilha, depois que se soube da vinda desse artista. É verdade que existem sempre uns como Josélio de Capataz, que disse que o homem era pirobo, mas isso todo mundo sabe que quase todo artista de novela ou é ou já foi ou vai ser, de forma que ninguém ligou, se fosse assim a gente ligava para Sapoti, que é veado aqui mesmo e é mais apresentado do que muitos que andam por aí, não precisamos de veados de fora, nem achamos melhores do que os nossos, já vimos muitos. O problema principal, então, não foi esse da veadagem, que não temos nada a ver com o rabo do sul do país nem queremos ter, mas foi o dos trajes para as debutantes da ilha, que na maioria as famílias não tinham condições, aliás nenhuma família tinha condições. Mas esse negócio de condições o itaparicano está acostumado a enfrentar, de forma que foi um tal de meter a mão na caderneta, vender bolo nas portas e se virar até com muitos empréstimos, que, no dia do baile, não se podia dizer que Itaparica não estava bem representada. Sem querer desfazer de Peri-Peri. A representação da ilha era sete moças, a de Peri-Peri era de 35. Porém a beleza itaparicana tudo ofuscava e quem visse Dezinha nem acreditava, porque ela tirou os óculos e botou um bonito decote, mostrando duas belas saboneteiras, que hoje não se valoriza mas dão realce à mulher. Ninguém estava perdendo nada, porque desde cedo que todo mundo se encontrava pendurado nos muros do Iate Clube e até tem quem diga que arrancaram as folhas das árvores para ver melhor, mas é falsa versão.

    O povo todo de Peri-Peri chegou e o baile começou muito chique, mas o artista ainda não estava na hora de chegar. Quando ele chegou, chegou de carro grande direto de Bom Despacho e antes dele saíram uns dois com a mesma roupa de dentro do carro, de forma que o povo pensou que ele era um desses dois, mas não era nem nada. Quando o povo se juntou para olhar os dois, ele se enfiou ligeirinho para dentro do Clube e, depois se informou, foi dar um abraço no maestro e abraçou bastante esse maestro, mas não era de velhas amizades, era para pedir que levasse menos de dois minutos em cada dança, porque ele estava atrasado e tinha de voltar para Salvador, que no outro dia ele ia dançar com as moças de Jacobina. Antes porém, a gente só vendo do muro, teve apertos de mão e um papel para ele ler no microfone, apresentando as debutantes. Cada qual que passava o povo batia palmas e ele batia as palmas, porém as palmas iam diminuindo com cada uma e a representação da ilha desfilou por último. Era justo, porque quem estava pagando era Peri-Peri, porém o coração cortou de pena de Dezinha, que ele não acertou a ler o nome dela direito, levou bastante tempo e acabou falando Edelzita e ela já estava andando quando ele acertou e quase não teve palmas, teve muitas desculpas dele porque errou.

Depois a festa começou de novo e com cada qual ele ia dançando. Justiça seja feita, dançava muito bem. Também, a novecentos contos o passo, muitos pernetas iam até frevar, mas não se pode dizer que ele não dançava bem. Mas o diabo é que, a esta altura, de vez em quando um parava a festa para fazer um discurso, outro ia lá conversar com o artista, uma grande confusão. Estava se vendo que ele queria cumprir a obrigação e dançar com todas as 42, mas nisso o horário de pegar o último ferribôte estava chegando e acabou o motorista indo cochichar no ouvido dele que já estava na hora. Vai, não vai, mais conversas, mais apertos de mão e o ferribôte só chegando na hora de ir embora. Aí não teve mais jeito e ele foi para o microfone, pediu desculpas e foi embora, tão enfiadinho quanto chegou.

O baile continuou, Dezinha não dançou. Mas não ficou desanimada, o itaparicano não desiste. Talvez para o ano ela seja debutante de novo, desta vez em Peri-Peri ou em Paripe e ele venha de novo e ela consiga cativar ele, que desta vez ela tentou muitíssimo, mas ele estava sem tempo para ser cativado, qualquer um via. No povo em geral, o artista não fez muito sucesso mas também ninguém desanimou, porque todo mundo sabe que, se visse de perto, ele fazia sucesso. E Dezinha, Dezinha outro dia disse que tinha muita esperança. Você não viu, disse ela, que, na hora que se despediu, ele disse que o público daqui é maravilhoso? Ele disse. E eu sou do público daqui; explicou ela, inteligente que nem o cão.

Abusado Santos Bezerra

Quando o presidente Lukaut se levantou, às sete horas de uma fria manhã de novembro, olhou sobressaltado em direção aos pés da cama. Um presidente da República chega a esse posto depois de enfrentar grande número de vicissitudes e de ver muitos lugares e coisas insólitos, de forma que devia tratar-se de algo realmente grave. Através da cortina entreaberta (um intervalo de seis polegadas e um quarto, de acordo com as suas precisas instruções), pela vidraça levemente embaçada, podia perceber algo que não estava lá no dia anterior e, na verdade, nunca lá se encontrara antes. Perplexo, o presidente buscou apressadamente os óculos e a dentadura em cima da mesa de cabeceira. Ainda estremunhado, franziu os olhos, procurando divisar claramente o objeto: uma pequena forma amarronzada, indiferente ao vento que sacudia as árvores desfolhadas lá fora. Já sentado na cama, o presidente sopesou rapidamente os riscos que correria, caso se aproximasse imprudentemente da janela, antes de confirmar a identidade do estranho objeto. Pensando melhor, estendeu a mão para o Manual de Atentados, que jazia à sua cabeceira, como de hábito. Passou as páginas com impaciência, em busca de resposta pronta à indagação que lhe surgia na cabeça. Exaustivo e completo, o manual lhe informava, sob a letra M:

"Manga — Fruta tropical (fig. 325), de coloração variável entre o verde, o amarelo e o rosado — podendo apresentar manchas pretas, conforme o seu estado de maturação e outras circunstâncias. Considerada indigesta, mas não desenvolve toxinas em condições normais. O caroço, jogado a curta distância, pode causar contusões, embora de pouca gravidade, a não ser que seja lançado por catapulta. Os mais prováveis portadores de mangas são sul-americanos, hindus e naturais de alguns países do sudeste da Ásia. Até o presente, não se registrou atentado algum a mangadas.

"Mocó — Objeto, geralmente de palha ou fibra nativa rudimentarmente processada, que serve como bolsa para carregar objetos de peso médio para uma pessoa humana. Sem similares próximos neste país, raramente tem sido usado com propósitos agressivos, conhecendo-se somente a ocasião em que o líder do Partido Fragmentalista Regional das Filipinas, num comício de protesto, teve a sua cabeça coberta por um mocó de tamanho pequeno, recebendo, em seguida, diversas machadadas e pedradas por parte dos circunstantes. O incidente, contudo, não deve ser levado em conta, já que o atentado encontrou estreita cooperação da parte da polícia local.

"Mucica — Nome dado, no Nordeste do Brasil, ao ato através do qual o vaqueiro puxa a rês pelo rabo e, com um violento safanão, derruba o animal ao solo. Por extensão, designa-se como tal também o ato de segurar a rês pelos chifres e igualmente levá-la ao solo de forma abrupta. A técnica da mucica é usada, com variantes negligenciáveis, em todas as áreas de criação de gado. Quanto a seu uso em relação a seres humanos, há poucos exemplos dignos de nota. O contingente nordestino do Brasil, na campanha da Itália (Segunda Grande Guerra), empregou essa técnica com alguns alemães, sem grande êxito, havendo sido persuadido ao uso de armamentos mais convencionais, principalmente porque os alemães reagiam com metralhadoras. Há também exemplos da utilização dessa técnica no Texas, mas da mesma maneira esporádica e pouco eficaz. O fato de que, normalmente, o presidente não porta chifres, cauda e/ou objeto analogamente utilizável torna desnecessárias excessivas cautelas em relação a esse método. Como norma geral, contudo, o presidente deve evitar a proximidade de vaqueiros que não tenham recebido a Security Clearance A-2."

— Não, não — murmurou o presidente. — Deve estar antes disso. Ah!

"Mancha — Nome genérico da coloração irregular de um objeto por outro, normalmente causada por contato entre os dois. Frequentemente, é causada por um líquido. Os líquidos que meramente colorem costumam ter apenas efeito desmoralizador. Os líquidos que, além de colorirem, fazem buracos, devem ser encarados com cautela. De modo geral, o presidente não deve aproximar-se de portadores de líquidos não autorizados de qualquer espécie. Quanto às cores das diversas manchas possíveis..."

— Também não — disse o presidente. — Este manual nunca tem as respostas que a gente precisa.

Com um gesto de enfado, apertou um botão sob a mesa de cabeceira. Estava convocando o responsável pelo plantão da Segurança, a fim de ordenar que se averiguasse imediatamente a identidade da incomum aparição.

— Que significa aquilo dali? — perguntou, assim que o chefe da Segurança entrou no quarto. — Quero um relatório completo.

— Sim, senhor — disse o chefe da Segurança. — Muito estranho, realmente. Vou convocar o esquadrão de explosivos agora mesmo.

— Convoque quem você quiser — disse o presidente. — Contanto que me faça logo o relatório.

Franzindo os olhos, o chefe da Segurança escrutinou de longe o objeto.

— Em toda a minha vida como agente de segurança — falou finalmente — nunca vi coisa semelhante.

— Nem eu, nem eu — disse o presidente. — Mas ande logo, que eu preciso levantar-me daqui.

— Sim, senhor — disse o chefe da Segurança. — Vou providenciar a investigação e a saída daqui.

Pressionando quase imperceptivelmente o botão de um pequeno aparelho que trazia à cintura, o chefe da segurança esperou alguns segundos. Como por mágica, uma porta lateral se abriu e por ela penetraram afobadamente seis outros agentes

— Cobertura, cobertura — exclamou com certa rispidez o chefe da Segurança, apontando o presidente. — Cobertura para a saída.

Como um só homem movido por uma poderosa mola, o grupo de agentes colocou uma cerrada barreira humana em torno do presidente. Em círculo, inicialmente quase deitados sobre Sua Excelência, ergueram-no e passaram a mover-se em uníssono, como uma colônia de abelhas pendurada a uma árvore. Entre eles e a janela, como proteção adicional, o chefe abriu os braços e, fitando energicamente o estranho objeto, acompanhou o compacto grupo até a porta de saída, num andar semelhante ao de um caranguejo. Desta forma, chegaram à saída, onde a cobertura foi desfeita.

— Obrigado, obrigado — disse o presidente, arrumando as dobras de seu pijama. — Vou para a outra ala, mudar de roupa. Se for um petardo, acho que estarei seguro do outro lado, não?

— Perfeitamente — disse o chefe da Segurança. — Estarei em contato com o senhor assim que tiver um relatório da turma de explosivos.

No semblante calmo do presidente, mirando a si mesmo no espelho do banheiro, não se traía a tensão daquele momento. Tudo, aliás, parecia correr de forma igual a todos os outros dias e até mesmo a chegada do carro especial do esquadrão de explosivos, com homens de roupas protetoras emergindo de suas portas duplas, foi tão discreta que nem os funcionários mais madrugadores a perceberam. Isolada cuidadosamente a área da janela, o capitão Godeme, veterano da Segunda Grande Guerra, preparou-se para abordar o objeto com um detetor de minas especial, de cabo extralongo e sensibilidade acima da comum em tais aparelhos. Somente uma cicatriz em seu rosto fino e elegante denunciava a vida agitada que havia sido levada pelo capitão, como membro destacado da brigada especial que, em Londres bombardeada, desmontava as bombas não explodidas. Na sua mão esquerda lhe faltava um dedo, outra lembrança dos tempos da famosa Brigade for Dudes and Outlandish Dropped Thingamabobs. Seu punho firme, entretanto, não denunciava o mínimo nervosismo. Com passos decididos, quase com um sorriso no rosto, deitou-se no chão, grunhindo uma advertência para os seus companheiros, que o observavam a distância. Movendo-se em etapas quase infinitesimais, alçou o detetor de minas sobre o objeto, ao tempo em que procurava alguma indicação por parte do sensível aparelho. Nada. Passando o detetor cada vez mais perto do objeto, o capitão Godeme pareceu exasperar-se um pouco.

— Com mil trovões — praguejou suavemente. — O que eu temia: não é uma bomba, é um ODT.[1]

Enquanto o sol se erguia fracamente no horizonte, o capitão Godeme levantou-se do chão e enxugou uma baga de suor que lhe porejava na testa, apesar do frio. Com um sopro no ar, o capitão deu um muxoxo.[2] Havia compreendido que tinha uma manhã muito trabalhosa a enfrentar.

---

[1] Outland Dropped Thingamabob.
[2] Tsk-tsk.

Enquanto lia o resumo dos jornais que recebia todas as manhãs, o presidente narrou distraidamente o caso à sua esposa. Procurava não preocupá-la em excesso, mas não podia sopitar a ansiedade em saber do resultado da operação.

— Diabo — exclamou. — Se não fossem essas malditas restrições de segurança, eu iria lá pessoalmente.

— Tenha calma — disse a sua esposa, espetando meio grapefruit com o garfo. — Essas coisas estão melhor entregues aos profissionais, querido.

— É — murmurou ele. — Acho que você tem razão.

Onze horas da manhã, imerso numa reunião com uma comissão de deputados, o presidente parecia até haver esquecido o incidente. Provavelmente, nem mesmo o mencionaria antes da noite, se um telefone não soasse junto a ele.

— Com licença — disse o presidente, como a pedir desculpas pela insistência da campainha. — Vou ver o que eles querem desta vez.

A notícia dada ao telefone, entretanto, não era rotineira. O chefe da Segurança solicitava permissão para falar com Sua Excelência em particular, a respeito do objeto encontrado de manhã cedo.

— Muito bem — disse o presidente. — Estarei aí em cinco minutos.

Com a pontualidade que o tornou lendário nos meios políticos, o presidente aguardou do lado de fora da porta até que o ponteiro dos minutos chegasse precisamente ao ponto que marcava o decurso do prazo dado ao seu auxiliar. Ouvindo na memória os primeiros acordes de "Also sprach Zarathustra", abriu calmamente a porta e, sorrindo, inquiriu:

— Muito bem. Qual o resultado das investigações?

— Senhor — disse o chefe da Segurança. — Receio que estamos apenas no começo de um grande mistério.

— Explodiu? — exclamou o presidente, levantando-se parcialmente da cadeira. — Não, oh não!

— Não, não explodiu — respondeu o chefe da Segurança. — Na verdade, senhor, não poderia ter explodido.

— Como?

— É isso, senhor. Não se tratava de um explosivo.

— E o que era? Gostaria que você não fizesse tanto suspense.

— Tenho aqui o laudo do esquadrão de explosivos, assinado pelo próprio capitão Godeme — disse o chefe da Segurança, começando a passar, um por um, um monte de papéis ao presidente. — E mais o laudo do laboratório clínico, do laboratório do FBI e da seção de tóxicos da FDA.

O presidente recebeu os papéis, mas não começou a lê-los imediatamente. Parecia tomado de certo nervosismo.

— O que é, o que é? — perguntou, quase gritando.

— Bem — disse o chefe da Segurança, como se estivesse algo embaraçado. — Os testes do esquadrão de explosivos revelaram que a substância encontrada não é combustível nem comburente e muito menos explosiva. Quando testada com uma pequena carga de fulminato de mercúrio, apenas se espalhou, como qualquer outra massa da mesma densidade. O laudo do laboratório clínico parece meio estranho: refere-se a pH, presença de celulose, algumas células epiteliais...

— Passe adiante, passe adiante! — prorrompeu o presidente.

— O laudo do laboratório do FBI afirma nada haver de anormal na substância que possibilite a sua individualização e consequente identificação. Propriedades organolépticas normais, depositadas há cerca de seis ou oito horas...

— Adiante, adiante!

— O laudo da seção de tóxicos afirma nada haver de especificamente tóxico na substância, a não ser que se estenda um pouco o sentido do termo. Embora não deva ser ingerida, a substância não apresenta ingredientes letais. O seu, ahn, depositante parece haver comido batatas, ketchup, laranja, alface...

— Parece haver comido? — berrou o presidente. — Quer dizer que, que...

— Isso mesmo, senhor — disse o chefe da Segurança, baixando a cabeça. — É cocô.

Afundado na poltrona, em desalento, o presidente passou alguns instantes silencioso e derreado.

— A única pessoa... — começou a falar, como se estivesse conversando consigo mesmo — ... a única pessoa estranha que tem andado por aqui é esse ministro árabe. Não, não. Ele... Você acha? Ele poderia...

— Já investigamos, senhor. Ele tem um álibi perfeito.

— Não pode ter — disse o presidente. — Sei que ele andou passeando por aí a noite passada.

— De fato — assentiu o chefe da Segurança. — Entretanto, temos informações positivas, segundo as quais ele tem horror a ketchup.

— De verdade? — perguntou o presidente.

— Ele costuma ter crises nervosas, quando vê uma garrafa de ketchup, senhor — disse o chefe da Segurança. — Fica fora de si.

— Ah, bem — disse o presidente, voltando a falar como em solilóquio. — Não foi ele... cagaram na minha janela, não? Isso já aconteceu a algum outro presidente? Não, não pode ser. Na janela...

Terça-feira, 14 de novembro.

Em reunião de portas fechadas com o chefe do Gabinete, os assessores militares, o diretor-geral do FBI e alguns secretários, o presidente comunicou rapidamente a situação. Desde o dia anterior, um estado geral de tensão se apoderara do ambiente. As investigações prosseguiam aceleradamente, embora sem render fruto algum. Todo um possante esquema de investigação e prevenção se movimentava celeremente. Num canto da sala, de pé como se olhasse pela janela, e flamejando seus olhos azuis em torno, um homem louro e alto escutava impaciente a conversa. Jeff Camone, recém-chegado de Seattle, preparava-se para colocar toda a sua experiência nas investigações. Não era o tipo de homem que se conformasse em apenas ouvir hipóteses. Em sua brilhante carreira, havia enfrentado as mais ardilosas mentes criminais de todo o país e conseguido êxitos onde outros tinham falhado espetacularmente. Seu segredo era simples: uma memória fotográfica, uma energia inesgotável e a determinação de um cão de caça. Se Jeff Camone estava no caso, o caso estava meio resolvido, era a voz geral. Apagando o cigarro no grande cinzeiro de metal com um gesto brusco, Camone interrompeu a reunião.

— Queiram desculpar, senhores, mas creio que estamos perdendo tempo — falou, fazendo cintilar um riso amável, por trás do qual somente os observadores mais vividos perceberiam um malicioso lampejo de cinismo ou talvez crueldade. — Estamos aqui para investigar um caso sem precedentes, um caso que requer a mobilização de todos os recursos ao nosso alcance. Acabo de falar no telefone com o meu amigo, tenente Ailoviú, da Divisão de Narcóticos de Los Angeles, o melhor homem para esse caso em todo o país. Todos os setores do governo em condições de colaborar já puseram seus préstimos à minha disposição. Acabo de montar uma central de informações aqui mesmo e estarei lá todos os dias, 24 horas por dia, até conseguirmos fechar inteiramente o cerco. Se me desculpam, senhores, devo ir ao trabalho imediatamente. Não há tempo a perder.

E, como se não esperasse a resposta, deu uma meia-volta marcial e, em passos largos, saiu pela porta afora.

Estava desencadeada a caçada humana. Codinome — Operação Heinz. Alvo — o misterioso autor do atentado. Prazo fatal — qualquer hora do dia ou da noite. Objetivo — deter o criminoso a qualquer custo.

Mesmo... a MORTE.

Quarta-feira, 15 de novembro.

Em mangas de camisa, no centro de seu gabinete, Camone examinava as listas que, minuto a minuto, lhe eram despejadas sobre a mesa. Sem tempo de sair, mascava um sanduíche de presunto, enquanto manuseava folhas e folhas de papel. Os seis telefones sobre sua mesa não paravam de tilintar insistentemente.

— Alô, Mike! — disse Camone animadamente ao telefone. — Ailoviú está a caminho, vindo de Los Angeles, e quero um carro na mão dele assim que descer do avião! Quero que ele mergulhe neste caso até o pescoço, assim que chegar. Alô, alô... um momento, Mike. Sim, sim, será que eu preciso soletrar para você? Quero uma lista completa, veja bem, com-ple-ta, de todos os coprófilos da cidade e todos os que estejam em arquivos federais. Vamos ficar nesses, por enquanto. Prepare um programa geral para os computadores, porque vamos enchê-los com esses elementos e com os registrados nos departamentos locais, se for necessário. Outra coisa, um momento, Mike, outra coisa: quero uma lista completa de todos os pacientes de diarreia no sábado, no domingo e na segunda-feira. Pegue uma lista nas farmácias, visite as clínicas, não quero saber. Mexa-se, mexa-se, Mike! Desculpe, isto aqui está um inferno. Não, não, nada até agora, mas estou cheirando algo. Cheirando algo, ha-ha. Mike, antes que eu me esqueça, ordene uma revisão geral nos hippies da cidade, esgravate a Virginia, Maryland, a Nova Inglaterra inteira, passe um pente fino em tudo e me mande relatórios de tudo, entendeu? O.k., vejo você depois.

Minutos mais tarde, no telefone especial ligado diretamente à Segurança, Camone recebeu a notícia de que novo achado fora encontrado pelo presidente, desta vez dentro de seu saco de golfe. Disparando imediatamente para lá, Camone ordenou a pronta detenção de todos os empregados do clube de golfe, para dirigir pessoalmente o interrogatório. No vestiário, cercado por uma apertada fileira de policiais, Camone encontrou o capitão Godeme preparando-se para iniciar o exame do objeto.

— Alô, rapaz, tudo bem?

— Tudo bem — falou Godeme.

Uma velha desavença os separava, o que não impedia o respeito mútuo dos dois. Sabiam que eram profissionais competentes, cada um em seu campo e, embora não gostassem um do outro, tratavam-se com alguma deferência.

— Você já descobriu alguma coisa? — perguntou Godeme, enquanto atarraxava as partes móveis de seu detetor de minas.

— Nada ainda — respondeu Camone, com ar impaciente. — Como é, que é que você acha que isso daí é?

— Para lhe ser sincero — disse Godeme —, acho que é cocô.

— Godeme — disse Camone —, você não é engraçado. Acho isso uma atitude irresponsável.

— Da outra vez era cocô — falou Godeme.

— Da outra vez era e você infere naturalmente que desta vez também é. Fique sabendo de uma coisa: isso pode ser perfeitamente um golpe bem-armado. Repete-se a coisa umas dez vezes e, quando a nossa guarda estiver baixa, em lugar de cocô, eles põem explosivos.

Fez uma pausa, olhando fixamente para a frente. Devagar, seu rosto se iluminou, como se gradualmente aceso por uma luz interior. Segundos depois, já sorrindo, deu um pulo para a frente e irrompeu pela porta afora.

— Meu Deus! — exclamou. — É isso! Só pode ser isso!

* * *

Quinta-feira, 16 de novembro.

De posse do novo relatório do capitão Godeme, que atestava tratar-se outra vez de matéria fecal, Camone penetrou rapidamente na reunião que o presidente fazia com uma comissão especial do Congresso e expôs, em poucas palavras, a sua teoria, que denominou C. C.[3] Segundo ela, os autores dos atentados tinham um plano claramente traçado: despistar, através dos depósitos fecais, até que a vigilância da Segurança se tornasse mais negligente. Nessa ocasião, um explosivo com a mesma aparência seria colocado perto do presidente, o qual, julgando tratar-se da mesma coisa que das vezes anteriores, não tomaria as necessárias cautelas e seria vitimado.

— Senhores — disse Camone com umríctus amargo na boca —, lamento ter que dizer isso, mas agora, mais do que nunca, a nação não pode descuidar-se. Qualquer pedaço de matéria fecal é suspeito. Recomendo estrita vigilância em todos os casos.

Aprovada solenemente a ponderação de Camone, ele retornou ao escritório, onde devia examinar detidamente a massa de dados fornecida pelos computadores. O mesmo ambiente de febricitante trabalho o rodeava, enquanto ele respondia a dezenas de telefonemas e rosnava ordens para o verdadeiro exército de policiais e agentes à sua disposição.

— Miss Charap — disse ele —, pegue esses dados do computador e coloque no computador, para que ele possa sistematizar essa floresta de dados.

— Pois não — disse ela, começando a transportar as pilhas de papéis da mesa de Camone.

— Obrigado — falou ele, preparando-se para examinar a mais recente lista de suspeitos encaminhada.

---

[3] Cagada em Cadeia.

Entretanto, mal se sentara diante da lista, a porta se abriu quase com um estrondo e entrou o tenente Ailoviú. A impecável roupa Crooks Brothers não conseguia disfarçar-lhe o corpo atlético, de ex-recordista mundial de natação e campeão colegial de futebol. O cabelo cortado à escovinha encimava a cabeça fincada solidamente sobre um pescoço resistente como granito. Era visível que Ailoviú não gostava de brincadeiras.

— Ei, demolidor! — gritou Camone, levantando-se. — Rapaz, já estava pensando que você não vinha. Precisamos entrar logo em ação. Você pode começar examinando os suspeitos desta lista.

— Tudo bem, Jeff? — disse Ailoviú. — Tive alguns problemas em LA. Tráfico da maldita, coisa grande. Tive que fazer uns buracos em alguns engraçadinhos.

— Isso aqui está uma tremenda confusão — disse Camone. — Espero que você consiga alguma coisa.

Os olhos de Ailoviú se tornaram subitamente ameaçadores. Sem dizer uma palavra, tomou das mãos de Camone a lista de suspeitos, deu-lhe um olhar de relance e saiu.

Ailoviú estava em ação.

Quarta-feira, 22 de novembro.

Em poucos dias, a caçada humana se tornara desenfreada. Mais quatro achados tinham sido feitos pelo presidente: no teto da casa de seu cachorro, Goauêi; na cadeira principal do seu escritório vespertino; em cima do seu chuveiro e dentro de um de seus sapatos. A situação se tornava crítica e a pressão sobre Camone se elevava, enquanto as investigações pareciam permanecer na estaca zero. A imprensa, já informada do acontecido, clamava por uma solução. O esquadrão de Godeme, permanentemente ocupado, também procurava pressionar os investigadores, principalmente porque estava sendo conhecido popularmente como o Esquadrão da Merda.

Ailoviú, em ronda frenética pelos endereços dos suspeitos, aplicava suas técnicas mais agressivas, na busca de informações rápidas. Na Rua Q, já desesperando de encontrar respostas, Ailoviú tocou a campainha da residência de Dolores Uotsit, herdeira da fortuna de um dos maiores produtores de estrume do país e suspeita de estar promovendo os atentados para chamar a atenção para a sua causa, que era a de retornar o país aos fertilizantes naturais. Ailoviú tocou impacientemente e já pensava em pôr a porta abaixo, quando Dolores abriu. Suas pernas esculturais se revelavam pela abertura do diáfano négligé que usava, como a pedir mãos sequiosas que as acariciassem e lhes dessem a destinação que a natureza lhes tencionara. O busto levemente ofegante lembrava um vale perfumado, onde um mundo de doces aventuras se oferecia ao explorador favorecido pelo destino. Ailoviú parou um momento e não pôde conter um assovio baixo. "Uau, uau", falou consigo mesmo, "que mercadoria".

— Que é que há, simpático? — disse Dolores. — Você é o massagista que eu estava esperando? Hmmnn, mnnn!

— Divisão de Narcóticos de Los Angeles, em missão especial — disse Ailoviú, exibindo agilmente o seu distintivo e iniciando uma vigorosa cópula com Dolores. — Tenho que lhe fazer algumas perguntas — disse Ailoviú, virando-a de costas para uma segunda investida.

— Mas eu estava fora da cidade durante todo esse tempo — disse ela.

— Isso veremos no meu escritório — falou Ailoviú, empurrando-a saciadamente para o lado, sem poder deixar de admirar as formas divinais mostradas pela esplendorosa nudez da herdeira.

Ao sair da residência de Dolores, entretanto, um preocupado Ailoviú não percebeu que um sagaz repórter o seguia. Como consequência, parte de sua confrontação oficial com a herdeira foi amplamente documentada pela imprensa e divulgada internacionalmente, inclusive no Brasil, num filmete de televisão e cinejornal, intitulado *A Suspeita* (no Brasil, *Corações em Fuga*). O filme fez um espetacular sucesso e adicionou mais alguns elementos à preocupação mundial com os acontecimentos. No Brasil, o rude diálogo entre os protagonistas foi exibido com legendas.

Ailoviú — Onde você estava, me conte onde você estava!

Dolores — Eu já não tenho lhe contado? Estava em Paris, já disse!

Ailoviú — Sua... sua pinoia! E onde está seu passaporte?

Dolores — Ah, eu perdi meu passaporte.

Ailoviú — Muito unusual, muito unusual. Vou chamar os Costumes, para verificar.

Dolores — Tudo por causa de c... c...?

Unindo a palavra à ação, Ailoviú telefonou para o inspetor Gueraute, na Alfândega, e pediu confirmação da história. Estava ainda aguardando uma resposta, quando outro telefone soou.

— Alô — disse Ailoviú.

A voz de Camone se fez ouvir do outro lado. Estava tensa e cansada.

— Venha para cá imediatamente — disse Camone. — A situação está gravíssima.

— Que foi que houve? — perguntou Ailoviú.

— Nunca vi um caso destes — continuou Camone pausadamente. — O presidente acaba de achar um cagalhão dentro de sua pasta, numa reunião do Conselho de Segurança Nacional.

Numa das mais tensas reuniões jamais realizadas naquela sala vetusta, o presidente Lukaut encarou fixamente Camone e permaneceu silencioso durante um grande período de tempo. Seu rosto marcado parecia refletir as graves preocupações que o tinham abalado nos últimos dias. Finalmente, como se falasse com grande dificuldade, dirigiu-se a Camone.

— Sr. Camone — disse ele —, não preciso enfatizar a gravidade da situação. Este país parece estar à beira do caos, quando uma reunião secreta do Conselho de Segurança Nacional é interrompida dessa forma grotesca. O senhor tem alguma pista?

— Não — disse Camone, baixando a cabeça. — Mas as investigações...

— Não me interessa falar sobre isso — interrompeu o presidente. — Eu preciso de resultados, apenas isso. Resultados.

— Isso leva tempo — falou Camone. — O tenente Ailoviú...

— Já lhe disse que não quero falar sobre esse assunto. Não estou preocupado com o que esse Ailoviú anda fazendo. Diga-me uma coisa: quais são os melhores detetives do mundo?

— Bem, senhor, todos sabem que são os brasileiros, mas...[4]

— Pois então mande buscar o melhor detetive brasileiro. Mobilize o que você quiser. Mexa-se! Quero um relatório completo dentro de uma semana. Quero resultados, resultados!

Sexta-feira, 24 de novembro.

Sentado à janela do avião, enquanto ele taxiava pela pista do Aeroporto Internacional de Nova York, Abusado Santos Bezerra, da Secretaria de Segurança Pública do Estado de Sergipe, apanhou distraidamente o telegrama amarfanhado que estava no bolso do paletó. O telegrama veio junto com uma lista de encomendas, feitas pelos amigos, quando souberam de sua viagem. Recolocando a lista de encomendas no bolso, Abusado releu mais uma vez o telegrama: "Solicitamos envio urgente detetive Abusado Santos Bezerra." Sim, pensou Abusado, eles precisam de mim e eu vou resolver essa parada.

Na descida, já na fila para o controle de imigração, Abusado encontrou um funcionário do Departamento de Estado à sua espera.

— Sr. Abusado? — disse ele. — Sou Foquefoquiú, do Departamento de Estado. Tenho instruções para encaminhá-lo a Washington imediatamente.

---

[4] Se der problema, podem ser os indonésios.

— Um momento — disse Abusado. — Não vai dar tempo de eu fazer umas compras aqui?

— Sinto muito — disse Foquefoquiú. — As minhas instruções são para levá-lo a Washington sem um minuto de demora.

— Eu não estou querendo violar suas instruções — disse Abusado. — Mas que diferença faz uma paradinha em Nova York, coisa de duas ou três horas, só para eu fazer umas compras?

— Lamento, mas não posso — respondeu Foquefoquiú. — Está aí um avião da Força Aérea pronto para levá-lo. Há todo um esquema de segurança. Esta parte da operação está custando mais de 150 mil dólares.

— Então um dólar a mais, um dólar a menos não faz tanta diferença — disse Abusado. — Quanto é que custa eu ficar mais umas duas horas aqui em Nova York?

Puxou simpaticamente Foquefoquiú para o lado e falou quase num cochicho.

— Além disso — explicou —, é uma oportunidade ótima, a gente tem que aproveitar. E estou com uma lista enorme de encomendas.

— Não pode — disse Foquefoquiú.

— Bem, se não pode — disse Abusado —, é porque não pode. Você conhece Itabaiana?

— Como?

— Já ouviu falar?

— Como?

— Pois então. Aqui em Nova York tem um rapaz por nome Alexandre Rabelo, que é de uma excelente família de Itabaiana. Talvez você conheça ele. Você mora aqui em Nova York?

— Moro.

— Então é capaz de você conhecer. É um rapaz moreno, alto, que fala grosso, usa óculos. Está estudando na universidade.

— Que universidade?

— Bem, não sei o nome, sei que é a universidade. Você não conhece a universidade daqui?

— Que universidade?

— Esse rapaz, Alexandre Rabelo, foi o melhor aluno do Colégio Estadual de Sergipe, todo mundo conhece ele. O pai dele me disse que ele está fazendo uma ótima figura na universidade, não é possível que você não tenha ouvido falar nele.

— Não ouvi.

— É, pode ser, essa vida de polícia deixa o sujeito sem tempo para nada. Pois é, está certo que eu não tenha condição de fazer compras. O comércio de Washington é bom?

— Como?

— Bem, deve ser. De qualquer maneira, eu estou aqui com uma carta do pai de Alexandre, que me pediu para entregar em mãos e eu não posso ficar em falta com uma pessoa distinta como ele. Não dava para entregar a carta?

— O senhor pode me dar, que eu providencio a entrega.

— Ah, não posso. O pai dele me falou que eu tinha de entregar em mãos.

— Mas eu já expliquei ao senhor.

— Uma horinha, o que é uma horinha? Tenha a santa paciência, mas eu acho que o senhor não está com boa vontade comigo. Contado, parece mentira: não pode atrasar uma hora, uma horinha de relógio?

— Eu já expliquei ao senhor que o avião...

— Se o problema é o avião, eu converso com o piloto do avião. Duvido que ele não compreenda. Qualquer um compreende. Qualquer coração de pai compreende. Não é possível que...

— Muito bem — disse Foquefoquiú. — Uma hora.

— Você é gente, rapaz, você é gente — disse Abusado, passando o braço no ombro de Foquefoquiú. — Você gosta de paçoca de amendoim?

— Não sei o que é — disse Foquefoquiú.

— Não sabe o que é paçoca de amendoim? Rapaz, onde é que você tem morado, ave Maria?

Três horas mais tarde, Abusado embarcava no avião da Força Aérea que o esperava, levando alguns sacos de compras que incluíam um secador de cabelos, duas caixas de alfinetes de segurança, dois blusões de couro, uma máquina fotográfica miniatura, um gravador de fita minicassete, um termômetro de parede, uma caixa de música, uma espingarda de ar comprimido, um vidro de limpador de vidraças e outros objetos. No avião, sentado ao lado de Foquefoquiú, rabiscou uma carta para casa:

"Espero que esta encontre todos bem e com saúde. O detetive que me esperou no campo de aviação é um pouco descompreendido e quase que não consigo fazer umas compras em Nova York. Nova York é uma cidade que só conhecendo como eu conheço agora para compreender como ela realmente é. O povo não é muito simpático e o clima é péssimo. As mulheres não são tão feias quanto eu esperava, mas não dão bola para ninguém. Não consegui apanhar ninguém. Também é uma cidade um pouco fria. Mas gostei do comércio, que é muito sortido. O americano, sabe como é, não faz abatimento. A Coca-Cola custa caríssimo e a nossa Coca-Cola de lá é muito melhor. Agora eu tenho de parar de escrever. Depois continuo, porque agora estamos chegando na cidade onde eu vou resolver esse caso."

Conduzido apressadamente ao gabinete de Camone, Abusado ouviu atento a exposição, ilustrada por slides preparados especialmente. Camone complementava a apresentação com a entrega de material impresso a Abusado. Terminada a exposição, virou-se para o detetive sergipano.

— Alguma pergunta? — falou.
— Sim — disse Abusado. — Se o senhor não se incomodar.
— Estou aqui para isso — disse Camone.
— Isso é que é — falou Abusado. — O povo americano é assim. O sujeito que faz um serviço faz serviço completo. Muito obrigado.
— Qual é a pergunta?
— Onde você comprou esse projetor de slides? — perguntou Abusado. — Achei esse uma perfeição. Projeta preto e branco?
— Depois eu lhe arranjo um — disse Camone com impaciência. — Mas o senhor tem alguma pergunta sobre o caso?
— Não — disse Abusado. — Foi tudo explicado, re-explicado e tri-explicado.
— Ótimo. O senhor, então...
— Foi tudo tetra-explicado! — disse Abusado. — Ha-ha!
— Ha-ha — fez Camone. — Bem, nesse caso, o senhor pode começar imediatamente.
— Ah, essa não — disse Abusado. — Eu pego segunda-feira.
— O senhor pega segunda-feira?
— Não vou pegar na sexta, já no fim de semana. Eu pego na segunda, que fica mais certinho, tudo direito. Pode esperar, segunda-feira sem falta eu estou aqui.
— Ahn — disse Camone.

Segunda-feira, 27 de novembro.
Chegando ao escritório de Camone, às 10h45, Abusado entrou na sala enquanto uma acalorada discussão se processava. Sentado à cabeceira, com as costas da cadeira para a frente, Camone lhe acenou quase hostilmente.
— Muito bem — disse ele. — Agora que já descansou, já madrugou hoje e tudo, podemos ter a sua contribuição?

— Ah, pois não — disse Abusado. — Eu fico na saletinha lá de trás e vocês vão mandando os dedos-duros. Mandem de um em um, porque, se eu precisar de acareação, eu mesmo peço.

— Mandar o quê? — perguntou Camone.

— Os dedos-duros. Podem ir mandando, que eu vou interrogando.

— Que dedos-duros?

— Os dedos-duros, dedos-duros, dedos-duros — disse Abusado, mostrando com um gesto o que queria dizer. — Os dedos-duros.

— Receio — disse Camone, finalmente compreendendo — que não possamos fornecer esses dedos-duros.

— Por quê? — disse Abusado. — Qual é o problema?

— Nós não temos dedos-duros.

Abusado parou diante da porta da saleta e virou-se lentamente para Camone.

— Você quer dizer a mim — falou, depois de algum tempo — que aqui não tem nenhum dedo-duro e que vocês fazem tudo por adivinhação. Essa nem com vaselina.

— Hein? — perguntou Camone.

— Aqui, ó! — disse Abusado. — Na buraca, na bu-ra-ca.

— Nós temos esses informantes — interrompeu Ailoviú —, mas só para certos casos. São pessoas do submundo do crime a quem a gente às vezes gratifica e que nos dão informações.

Abusado parou outra vez, com as mãos na cabeça.

— Não! — exclamou. — Não! Esses americanos... Vocês querem dizer que fizeram um país destes, uma coisa importante destas, sem contar com um grupo de dedos-duros amadores? Só têm dedos-duros profissionais?

— Se você chama esses de profissionais — retrucou Camone. — Só temos esses. E, num caso como o de agora, eles não se aplicam.

— É claro que não se aplicam — escandalizou-se Abusado.
— Contado, não se acredita: os americanos trabalham sem um corpo de dedos-duros amadores. Sem nenhum. Mas não tem nenhum, homem?

— Não — disse Camone.

— Então não me admiro que vocês não tenham descoberto nada. Pois mesmo com os dedos-duros amadores a gente enfrenta dificuldades, imagine sem eles. Assim não pode. Tem que ter o dedo-duro preventivo, o de acompanhamento... Isso não se pode fazer com profissionais. Tem que ser feito com amadores. Em primeiro lugar, o custo não é dinheiro, é custo cívico. Em segundo lugar, o amador é muito mais dedicado, muito mais perfeito do que o profissional. Minha Nossa Senhora, e vocês não têm ninguém? Taí, essa me deixou embananado, pode crer. Eu estava certo... Menino, ninguém, ninguém?

— Ninguém — disse Camone, com um olhar estranho.

— E difícil de acreditar, mas está certo — conformou-se Abusado. — Mas não se vai desistir por causa disso.

— Muito obrigado, você é muito gentil — rosnou Camone.

— Ora — falou Abusado. — Colega é para essas coisas.

Terça-feira, 28 de novembro.

Sentado em companhia de Camone e Ailoviú, às três horas da manhã, diante de uma massa de papéis e fichas, Abusado suspirou.

— Nunca — disse ele. — Nunca se vai achar nada. Ninguém deixa impressão digital na bosta.

— Não sei, não sei — disse Camone, acabrunhado.

— Me diga uma coisa — falou Abusado, levantando-se. — Se o caso não for resolvido, o que acontece a vocês?

— Não quero nem pensar — respondeu Ailoviú.

— Quanto mais eu — disse Camone.

— Comigo não acontece muito, que eu sou efetivo — disse Abusado. — Mas vou ficar meio desmoralizado.

Passeou largamente pela sala. Duas vezes, de pé junto a uma poltrona, pareceu querer falar, mas se conteve.

— Pode dizer, pode dizer — resmungou Camone.

— Pode dizer qualquer coisa.

— É que eu não tenho certeza — disse Abusado. — Vocês podem se aborrecer.

— Não existe nada que me aborreça — disse Camone. — O presidente me chamou no telefone na hora do jantar e me deu um esporro federal.

— Ai — gemeu Ailoviú. — Esse sujeito não podia ir cagar em Omaha, ou qualquer lugar assim? Tinha que cagar aqui?

— Bem — falou Abusado. — Posso dizer?

— Fale logo — disse Camone. — É até bom ouvir um discurso antes de tomar meu copo de cianureto.

— Muito bem — entoou Abusado. — Não garanto que esta é a solução, mas pode ser. Em primeiro lugar, me digam: é possível alguém voltar a cagar perto do presidente?

— Absolutamente impossível — disse Camone. — Só faltamos botar um agente dormindo com ele na cama. É por isso que há alguns dias não temos tido novos incidentes.

— Exatamente como eu pensei. Quer dizer que nosso problema é passado e não futuro. Problema no futuro é que complica, dá muita preocupação. No passado, a gente resolveu. Me diga mais uma coisa: é possível continuar com a mesma vigilância o tempo todo?

— O tempo todo.

— Ótimo, ótimo. Então só falta achar o nosso homem.

— Eu posso não ser nenhum Einstein — disse Ailoviú. — Mas o que eu sou já dá de sobra para eu perceber que você acaba de dizer uma babaquice. Que diabo você pensa que nós temos feito esse tempo todo, a não ser procurar esse homem?

— Não precisa mais procurar — disse Abusado, soprando a fumaça do cigarro com um floreio. — Quer dizer, a procura agora é bobagem.

— Muito bem, Ellery Queen — disse Camone. — Pare com o suspense e diga logo. Quem é o suspeito?

— Não é suspeito, é o homem certo, certinho. Mas quem vai dizer são vocês.

— Nós? Nós?

— Vos-me-cês. É o seguinte: o que acontece com sujeito que for condenado pela cagação?

— Não sei — disse Camone. — Mas acho que não dá para pegar mais do que uns cinco ou seis anos e olhe lá.

— Ótimo! — entusiasmou-se Abusado. — Está ficando cada vez mais fácil. Bem, então vocês escolhem um sujeito daqui mesmo e a gente bota a culpa nele.

— Você está maluco? Você está completamente doido. Não está vendo que isso nunca ia funcionar? Que maluquice.

— Fico admirado de vocês, uns americanos, um povo desses e não sabem das coisas mais simples. Não vai ser nada disso.

— Estou ouvindo, estou ouvindo — falou Camone, botando o queixo sobre as mãos.

— Um sujeito desses — explicou Abusado — vai ficar contentíssimo com essa oportunidade. Um sujeito desses vai ficar famoso, vai ganhar um dinheirão vendendo reportagens para as revistas. Vai ser considerado muito simpático por muita gente. Talvez até entre para o cinema. Se escrever um livro, ou então escreverem para ele assinar, vai encher o rabo de dinheiro. Tudo isso por causa de uns cinco aninhos de cadeia e olhe lá.

— Você é louco — disse Camone. — Você é completamente maluco.

— Continue, continue — disse Ailoviú.

— Pois então — continuou Abusado. — Vocês até entendem disso melhor do que eu. A gente apresenta o homem, faz o carnaval todo, todo mundo fica satisfeito. E não dá para arranjar um dinheirinho para ele por fora, só para garantir?

— Dá, claro que dá — disse Camone. — Quer dizer, daria, se nós topássemos essa maluquice.

— O emprego é de vocês — disse Abusado. — Eu sou efetivo e sou de fora.

— De fato — ponderou Ailoviú — isso não seria tão irregular assim. Na verdade, podia ser considerado até um ato patriótico. A nação precisa de uma resposta e nós vamos dar essa resposta. O que interessa é a segurança do presidente e dar uma resposta à nação. Isso é o que interessa.

— Você também está maluco — disse Camone.

— Esse sujeito, se tirasse a sorte grande, não estaria melhor — prosseguiu Abusado. — É verdade que um crime mais brabo seria melhor para ele, mas, de qualquer forma o futuro dele está garantido.

— É — disse Camone. — Não, não vamos fazer isso. Isso é uma imoralidade e uma indecência e não vamos fazer isso. Nada contra você, Bezerra, isso fica entre nós, mas não vamos fazer nada disso. Não vamos, e ponto final.

— Você é quem sabe de sua vida — disse Abusado. — Quem é burro pede a Deus que o mate.

Quarta-feira, 29 de novembro.

Reunidos na sala de Camone, os três detetives aguardavam a chegada do agente de segurança Phil Guivimi, convocado especialmente para ouvir a proposta originada de Abusado. Guivimi, um homem corpulento e de óculos, aparentava estar um pouco nervoso. Sentou-se diante de Camone. Seguiu-se um diálogo tenso e de frases curtas, em que Camone explicou a situação.

— Para resumir — concluiu Camone —, cagaram em Sua Excelência diversas vezes e sua missão, Guivimi, é assumir a responsabilidade pelo fato. Não me pergunte por quê, eu não posso explicar. Trata-se de informação classificada. É claro que você está livre para não aceitar. Nós o escolhemos por causa de sua ficha impecável. E porque você é perfeito para o papel.

— O papel higiênico — disse Abusado. — Ho-ho.

— Por favor, Bezerra — falou Camone. — Eu estou comandando esta operação e eu dou as ordens.

— Está certo — disse Abusado. — Vá dando as ordens aí.

— Garantimos a você completa cobertura — continuou Camone. — Uma verba secreta para sua segurança depois, direitos da história para uma revista nacional, direitos autorais de livros, uma pequena ajuda para a sua família e outras vantagens. Isso são detalhes, veremos depois.

— E se eu não aceitar? — perguntou Guivimi, endireitando os óculos com aspecto desamparado.

— Bem, se você não aceitar — interrompeu Ailoviú —, nós provamos que foi você e vai ser muito pior.

— Está assim de prova aí — disse Abusado.

— E sua mulher — acrescentou Camone — vai gostar de ouvir os diálogos que você mantém no telefone com aquela moça. Temos até o endereço dela aqui.

— E as festinhas — disse Ailoviú. — Tem também o problema das festinhas.

— É — disse Abusado. — Esse pessoal daqui já gosta de escutar o que os outros falam no telefone. Ainda se só escutassem, mas os miseráveis gravam. É um pessoal danado, esse pessoal.

Guivimi compôs um olhar distante e levantou-se.

— Senhor Camone — declarou ele. — Não é todos os dias que um cidadão tem o privilégio de servir seu país, mesmo à custa de grandes sacrifícios. Estou honrado pelo convite e prometo tudo dar de mim pelo êxito da missão.

— Guivimi — disse Camone —, Guivimi, eu sabia que você era um verdadeiro patriota. A história não se esquecerá disso. Agora sente aqui, para a gente acertar os detalhes. Tudo tem que ser muito bem contado.

— Burro é que ele não é — disse Abusado, batendo-lhe afetuosamente no ombro.

Quinta-feira, 30 de novembro.

Triunfantes, depois de uma verdadeira maratona de reuniões e conferências de imprensa, o presidente Lukaut, Ailoviú, Camone e Abusado iniciaram suas despedidas, ainda num dos escritórios da residência oficial.

— Pois é — disse Abusado —, o senhor me permite uma observação?

— Ora, ora, qualquer coisa — respondeu o presidente. — Hoje é um dia de comemoração.

— É uma pequena ousadia de minha parte — disse Abusado. — Mas o senhor deve ter sempre cuidado: por mais presidente que o sujeito seja, tem sempre alguém cagando para ele. Este mundo é muito incerto.

— Ha-ha! — fez o presidente, batendo no braço de Abusado, com a mão que ostentava um belo relógio eletrônico digital. — É verdade, é verdade.

— Puxa — disse Abusado. — Onde é que o senhor comprou esse relógio?

1ª EDIÇÃO [2010] 5 reimpressões

ESTA OBRA FOI COMPOSTA EM ADOBE GARAMOND PELA ABREU'S SYSTEM E
IMPRESSA EM OFSETE PELA LIS GRÁFICA SOBRE PAPEL PÓLEN SOFT DA SUZANO
PAPEL E CELULOSE PARA A EDITORA SCHWARCZ EM MARÇO DE 2016

MISTO
Papel produzido
a partir de
fontes responsáveis
FSC® C112738

A marca FSC® é a garantia de que a madeira utilizada na fabricação do papel deste livro provém de florestas que foram gerenciadas de maneira ambientalmente correta, socialmente justa e economicamente viável, além de outras fontes de origem controlada.